U0595726

★★★★★★
德甲十连冠纪念版

最成功的球队

拜仁慕尼黑篇 之

晴空　李巴乔　陈渤冑 ▽ 著

北京时代华文书局

本书为拜仁慕尼黑俱乐部德甲十连冠纪念版， 书中所有数据及资料
截至 2021—2022 赛季结束。

拜仁慕尼黑，最为耀眼的明星！

文/马德兴

《体坛周报》副总编辑，世界足球先生
中国评委

在世界足坛的悠久历史中，来自德国的拜仁慕尼黑足球俱乐部，绝对是最为耀眼的明星之一。自1900年成立以来，拜仁饱经沧桑、历尽磨难，却又百折不挠、披荆斩棘，在一代又一代足坛巨人的耕耘下，在一位又一位传奇球星的身影中，书写了属于自己的辉煌故事。

特别是作为会员制俱乐部，拜仁百余年来坚守自己的理念，开启引领的道路，如今在拥有全世界最多注册会员的同时，不仅发展为财政健康、战绩卓越的豪门球队，更是缔造了一个最具人情味的动人品牌。在这个金元足球和资本力量大行其道的当代足坛，拜仁的成功和伟大，已然成为值得无数球迷致以敬意的正面榜样。

欣闻晴空、李巴乔、陈渤胄的《最成功的球队之拜仁慕尼黑篇》出版问世，无疑为国内球迷提供了一部熟悉拜仁历史、理解拜仁精髓、感受拜仁精神的佳作。晴

FC BAYERN MÜNCHEN

空是国际足球专栏作家、巴乔是拜仁球迷会会长、渤胄是年轻的足球解说员，这三位作者既是我喜欢的年轻一代足球人，也是国内拜仁球迷的优秀代表，由他们完成这部属于拜仁的书籍真是再合适不过了！

作为我个人，真正和拜仁密切联系在一起是2020年度国际足联的年终颁奖盛典。作为中国媒体界代表评选世界足球先生的足球记者，我将"世界足球先生""最佳教练"和"最佳门将"三个奖项的第一名毫不犹豫地分别投给了来自拜仁的莱万多夫斯基、弗里克和诺伊尔。

虽然克洛普爆冷获得世界最佳主帅，但我想，在"最佳教练"与"最佳门将"这两个奖项的评选中，我推选弗里克与诺伊尔恐怕不会引起太多的争议。诺伊尔自不必多言，尽管德国国家队近期成绩颇受诟病，但诺伊尔在拜仁的表现足以证明，他依然还是当今世界足坛最好的门将，更何况还有欧冠冠军这个极具分量的冠军头衔。

选择弗里克，首先就是在非世界杯、欧洲杯、美洲杯等大赛之年，欧冠联赛的影响力决定了夺取欧冠联赛冠军的主帅更有希望当选。弗里克不仅率领拜仁重圆欧冠之梦，更重要的是，他自2019年11月份才接手拜仁，当时的球队在德甲联赛的表现以及成绩均无法令人满意，仅在积分榜排名第四。但弗里克接手后，拜仁不仅在国内重夺双冠王，更是称雄欧冠、勇夺"六冠王"。其中，拜仁8：2横扫巴萨一战成为永恒经典。要知道，他此前从未执教过顶级联赛球队，一直都是助理教练。能有如此成就，还有什么其他理由选择他人？

相比而言，"世界足球先生"的评选，我更是丝毫没有犹豫，直接将莱万多夫斯基列为第一，并将梅西与C罗剔除"三甲"之列。我知道，这么选择定会被"梅粉"和"总裁迷"所不屑，但我有自己的理由。以莱万多夫斯基在夺取"三冠"时分别成为这三项赛事最佳射手这一点，恐怕就不是梅西与C罗可以相比的。

不仅如此，2020—2021赛季，莱万多夫斯基打破了盖德·穆勒的德甲赛季进球纪录，首度赢得欧洲金靴奖，更别提当年的"9分钟5球"，这是C罗、梅西职业生涯中也未曾有过的。

坦率地说，《法国足球》杂志取消2020年度金球奖评选活动，多少令人感到遗憾，因为如果继续展开评选的话，恐怕没有人可以与莱万多夫斯基竞争。所以，我很希望"世界足球先生"可以弥补莱万多夫斯基的遗憾。从另一个角度来说，过去这么长时间以来，"梅罗之争"引领世界足球的发展，我也很欣喜地看到有人打破了这两人的垄断。如果说莫德里奇此前的当选多少令"梅罗粉"感到不满，我相信莱万多夫斯基的当选绝对称得上当之无愧！

当然，以上的几个故事，只是拜仁百年历史中的一小部分。更多的故事，欢迎大家在这本书中细细品味！

这绝对是一本耗尽所爱、用热血所著的书

文/朱挺

现役职业足球运动员，曾入选中国国家队、国奥队

各位读者，我是朱挺。由晴空、李巴乔以及渤胄撰写的这本关于拜仁的新书即将出版，这绝对是一本耗尽所爱、用热血著成的书。当然，作为一名职业球员，关于拜仁我也有自己的感受和回忆，非常荣幸能在这里和大家分享。

毫无疑问，拜仁是德国足坛最著名的足球俱乐部，120多年的历史中诞生了一位又一位的伟大球星，在欧洲赛场也有着非常辉煌的战绩。在如今金元足球盛行的时代，拜仁始终秉承自己的理念，用健康的经营模式来运营球队，并且通过这样的低成本取得了高回报。近年来，拜仁还在中国开设官方办公室以及展开各种青训合作，足以体现拜仁对中国市场的重视。因此，作为世界知名豪门，拜仁有着很多中国足球需要学习的地方。

作为国奥队前球员，我很荣幸曾有过与拜仁同场竞技的经历。那场2008年中国国奥队对阵拜仁的热身赛，让我至今难忘，也让我学到了很多东西，而那两个面对拜仁的进球更是我职业生涯的宝贵回忆。

作为中超球员，我曾在武汉效力，与本书作者之一的李巴乔相识。他作为拜仁中国球迷协会——同仁会会长，对于拜仁非常了解，为中国拜仁球迷群体发展奉献青春的同时也不断成长，他与晴空、渤胄两位老师共同撰写出版的这本书定是值得各位球迷入手的一本佳作。

很高兴有这样的一个机会与拜仁球迷交流，希望大家可以通过这本书全面了解拜仁，看看三位作者讲述的拜仁历史和故事，一定会大开眼界。

品读拜仁，这是一部德国足球的社会史

文/王勤伯

《体坛周报》驻意大利记者，知名媒体人

由晴空、李巴乔、陈渤胄撰写的《最成功的球队之拜仁慕尼黑篇》的出版问世，是中国体育爱好者的一大幸事。这本书不仅适合拜仁球迷收藏，对于希望了解欧洲社会足球文化的体育爱好者，尤其是体育读者来说，也是一本佳作。

很多人只知道拜仁辉煌的战绩，以及他们今天冠绝德甲的地位，但是，对于拜仁的历史以及俱乐部内部文化、社会责任感等知识往往是空白的。当然，这样的空白不利于我们真实地了解优秀的欧洲足球俱乐部到底是怎样创办、生存和发展到今天的，无法见识他山之石的完整面貌。

三位作者的大名，我在之前就已经多次听到拜仁球迷提及。最先认识的是李巴乔，当时正是武汉新冠肺炎疫情期间，因故外出旅行的李巴乔有家难回，但在自己处境都很困难的情况下，他仍然以巨大的热心和超凡的效率帮助家乡筹集抗疫物资。我在2020年抗疫时认识的几位武汉朋友和他有一个共性：富有社会责任感，做

事有能力、有担当。

后来有幸受邀参加三位作者在喜马拉雅电台的谈话节目，认识了晴空和陈渤胄，那是一次很有价值的聊天。让我惊讶和佩服的是，这三位作者对拜仁历史文化的了解和理解之深。当意甲俱乐部球迷中的意见领袖沉迷于彼此的骂战，西甲俱乐部球迷中的意见领袖为梅西、C罗等球星的议题争执不休，这三位作者关注的却是拜仁所承载的德国足球社会文化，例如"50+1"政策，例如拜仁对其他俱乐部的鼎力援助，还有这个俱乐部的社会责任心。

拜仁慕尼黑这个名字涵盖了一个城市和一个地区，但它自20世纪60年代崛起以来就一直是一个全国性的俱乐部，甚至可以说，拜仁就是一部德国足球的社会史。想想，一个"犹太人俱乐部"在二战后成为德甲最成功的俱乐部，这是怎样曲折又动人的故事？

我一直不认为体育文化是一种可以

"打造"的事物，它的形成需要的是付出和积累。而拜仁就是付出和积累的最佳代表。在这个俱乐部身上，你永远都能体会到一种不知足，他们不会停下来炫耀自己是德国最佳乃至世界最佳的足球俱乐部，他们始终在焦虑，如何从对手身上学到更多，让自己更加强大。拜仁的强大绝不仅仅是奖杯的数量，而是其孜孜不倦的谦虚和严谨，以及令人佩服的包容力。当我以中立球迷的身份面对拜仁，我会因为看到海因克斯的身影而肃然起敬，因为他就是拜仁精神的重要象征之一。

然而拜仁远不只有海因克斯，这正是为什么这本书值得球迷珍藏和细细品读的原因。拜仁不是一天建成的，这本书也不可能一天时间就匆匆翻过。我们喜欢足球，爱上一个俱乐部，常常是因为它给我们带来了别处无法收获的真挚和鼓舞。三位作者讲述的拜仁历史，或许可以成为您在热爱足球的每一天中的极好陪伴。

FC BAYERN MÜNCHEN

拜仁的百年荣光，让我们在这本书中一同见证

文/李彦

知名足球评论员，曾入选中国国家队、国奥队

在世界足坛，无数足球俱乐部百舸争流，而拜仁是在光阴流转中当之无愧的豪门之一。

自1900年成立以来，拜仁在不同的考验和挑战中崛起，当年那个名叫弗朗茨·约翰的年轻人，可能并不会知道，他和队友们一起成立的这个俱乐部，会在百余年后成长为足球界闪耀的"南部之星"。

近年来，拜仁的状态虽偶有起伏，但依然取得了至高无上的荣誉和成绩。从2013年的"三冠王"至今，取得了惊人的德甲十连冠。2019-2020赛季欧冠决赛，拜仁1∶0击败巴黎圣日耳曼，队史第六次夺得欧冠冠军；2021年2月，拜仁1∶0战胜墨西哥老虎队，获得世俱杯冠军，进而加冕"六冠王"，成为继2009年的巴萨之后历史上第二支"六冠王"球队。

纵观这段时间，拜仁教练席有海因

克斯、弗里克的闪耀，有瓜迪奥拉的毁誉参半，也有科瓦奇、安切洛蒂的郁郁不得志。同时期的球员中，莱万多夫斯基、穆勒等人的存在保证了球队进攻的稳定性；"罗贝里"以及他们的接班人科曼、格纳布里的两翼齐飞则给拜仁带来最强的冲击力；施魏因斯泰格、蒂亚戈等明星云集的中场所带来的控制力也必不可少；以队长拉姆、门将诺伊尔为首的后防线则是奠定王座的稳定基石。

由晴空、李巴乔、陈渤胄撰写的《最成功的球队之拜仁慕尼黑篇》的正式出版，正是各位球迷朋友了解拜仁的一个窗口。三位作者是如今体育界年轻有为的媒体人，以专栏作家、体育记者、解说员的身份和角度，给读者带来更专业、更多维度的分析和解读。

我作为解说嘉宾，这几年常和渤胄一起解说拜仁比赛，也和晴空、巴乔一起做过专题节目。在与他们的接触中，三位作者对拜仁的了解之深令人赞叹，对拜仁的文化、发展、管理以及战术层面的剖析也是非常精准。因此，这本书的问世，不仅对拜仁球迷，而且对中国所有球迷朋友都是一件幸事，可以让大家更好地了解一家优秀俱乐部是如何在竞争激烈的欧洲足坛甚至世界足坛取得卓越荣耀，由此带来的内心启示、动人故事更是可以陪伴各位球迷朋友度过闲暇时光。

拜仁的百年荣光，让我们在这部书中一同见证。

拜仁慕尼黑，值得追随的历史与情怀

文/拜仁老赫
知名拜仁博主，拜仁书籍收藏爱好者

2014年底，我参加了拜访拜仁基地的活动，在活动中结识了当时同仁会的会长郑峰，他向我介绍同仁会时提到了另一位负责人李巴乔，之后我们在微博开始有了交流和互动。最近三年，志同道合的李巴乔跟晴空、渤胃一起组团推出了一系列与拜仁有关的栏目和直播节目，我也几次荣幸得到邀请成为嘉宾，跟他们三位以及很多球迷朋友结下了深厚的友谊。

经过扎实的筹备，这三位拜仁的忠实拥趸用心编撰的新书面世出版，他们在此之前已将大纲和内容提要送到我的手上，让我先睹为快并为之作序。作为拜仁书籍收藏爱好者，我很快意识到这是给众多中国球迷，尤其是拜仁球迷献上的一份丰盛大餐，是一本值得期待的"爱仁指南"。

曾有报道称，在中国有几千万关注欧洲足球的球迷，他们所追捧的往往不限于球队当下的战绩辉煌，很多人越来越关注这些豪门所拥有的悠久历史和独特气质。

在这些豪门中，拜仁的魅力绝对独树一帜：拜仁既不像皇马、巴萨热衷于招揽顶级巨星吸引关注，也不像曼城、巴黎圣日耳曼那样通过金主巨资打造豪华阵容，拜仁从一家在战火和危机中艰难求生、几度濒临破产解散的弱小俱乐部，经过上百年几代人的努力，坚持自身的理性经营和健康财务管理，成功蜕化成一支长期屹立于欧洲顶尖行列的俱乐部。

近十年来，拜仁吸引了越来越多中国球迷的目光，球迷们不但能从各种媒体平台观看拜仁的比赛，了解俱乐部和球员赛前幕后的新闻，也能从各个层面更多地感受到拜仁独特的气质和深厚的历史底蕴。

这本书显然为大家提供了更直观的视角，可以更全面地了解拜仁。本书讲述了拜仁的历史变迁、历年战绩与球队文化，以及三位作者与拜仁的故事和情怀。

读着这些早已非常熟悉的章节，我仿佛又回到了七八年前在慕尼黑追寻拜仁百年历史遗迹的那段旅程，回到了以前在安联球场一次次为拜仁呐喊助威、与拜仁一起永不放弃再创奇迹的夜晚，伴随着"南部之星"和"拜仁永远第一"在耳边萦绕。或许未来更多的球迷能够因为这三位作者的文字，会更有兴趣亲自去体验和感受拜仁独特的文化与魅力。

一封拜仁球迷写给
俱乐部的情书

文/内德&羽则

足球专栏作者，知名体育媒体人

人们常说序言就像钥匙，可以帮读者打开一本书的大门，让读者还没走进去之前，就了解到门里会有什么、为什么会有这些，以便了解作者的写作思路和创作缘起。

晴空、李巴乔、陈渤胃为什么要写这本书？他们都是拜仁慕尼黑的铁杆球迷，他们想告诉那些不懂拜仁的人，拜仁究竟如何成为拜仁。

作为局外人，我们俩始终觉得，拜仁其实是一支很不科学的球队。

——别人闹内斗，球迷们总是吵作一团，而拜仁一有内讧传闻，满屏高亮回复都是："哈哈哈，这下稳了！"

——别人搞商业，每年赞助品类丰富，而拜仁这些年矢志不渝，为球迷们带来了羊头牌、扑克牌、UNO（一种桌游）、大富翁、跳棋、国际象棋等全套生产线。

——别人伤病潮，阵容单薄和关键位置拉壮丁往往成为输球主因。可拜仁动不动就搞出些从左边挪来中后卫、从边锋拉回来左后卫的戏码，右后卫的身体里还住着个后腰的灵魂。

所以，拜仁这些年完全就是一个特别的存在，在严肃的德国皮囊下隐藏着一个有趣的灵魂。那么，这样的拜仁，究竟是怎样炼成的？

这本书，就向你介绍了一切。

百年拜仁像极了一个人的成长，他历经了初始建设时的苦难，深陷过破产危机，在将倾之时被传奇扶助，一步步风云过后，终于实现了"三冠王"的荣光。在历史和荣誉背后，是一个个球队纪录串联而成的成就，镌刻着历任主帅、主席、队长的功勋，承载着无数场伟大的战役，也有无数爆笑和"残暴"的瞬间。

这些，经由三个爱极了"南大王"的人写出来，确实别有一番味道。他们会在文字中注入情怀。当文字有了温度，你就会透过其中感受到一支伟大俱乐部那种百年氤氲的味道，淡化的人和事变得清晰，然后在不知不觉中跟着书本感受球队的落寞和繁华。

时代在变化，战绩有浮沉，球衣会更新，球员会转会，在这个世界有无数的俱乐部供你选择……但当你合上书本的那一刻，你却能够瞬间明白那句常常被"南大王"球迷挂在嘴边的话："我，还是支持拜仁慕尼黑。"

这，便是三位作者想传递的精髓。

目录
CONTENTS

第一部分　生存　1900—1963
犹太人俱乐部，历经苦难终见光明

002　第一章　伟大诞生
004　第二章　不断拓荒
006　第三章　惨遭迫害
008　第四章　战后重生

第二部分　根基　1963—1976
球皇改换门庭，一个巴掌改变历史

012　第一章　一个巴掌
014　第二章　欧冠首冠
018　第三章　足球皇帝
021　第四章　三连欧冠

第三部分　救赎　1976—1987
深陷破产危机，传奇扶大厦之将倾

026　第一章　新职登场
029　第二章　再度起航
031　第三章　空难逃生
034　第四章　存亡时刻

第四部分　闹剧　1987—1998
场外故事不断，绿茵好莱坞成焦点

040　第一章　更新换代
043　第二章　最大错误
046　第三章　实现满贯
049　第四章　闹剧不断

第五部分　复仇　1998—2004
挥别黑色时刻，连克仇敌再夺欧冠

054　第一章　黑色时刻
057　第二章　持续前行
059　第三章　完美复仇
062　第四章　由盛转衰

第六部分　崛起　2004—2010
青训再结硕果，两翼齐飞傲视赛场

068　第一章　核心离队
073　第二章　国王驾临
077　第三章　不堪受辱
081　第四章　两翼齐飞

第七部分　涅槃　　2010—2014
不坠凌云之志，队史首创三冠荣光

090　第一章　搭建根基
094　第二章　坚韧队长
099　第三章　凤凰涅槃
103　第四章　变身传控

第八部分　神迹　　2014—2022
助教力挽狂澜，拜仁再登欧洲之巅

110　第一章　九五至尊
115　第二章　传奇归来
120　第三章　巨人谢幕
125　第四章　六冠神迹
131　第五章　新的时代

第九部分　荣耀殿堂　137

第十部分　球队文化　159

后记　203

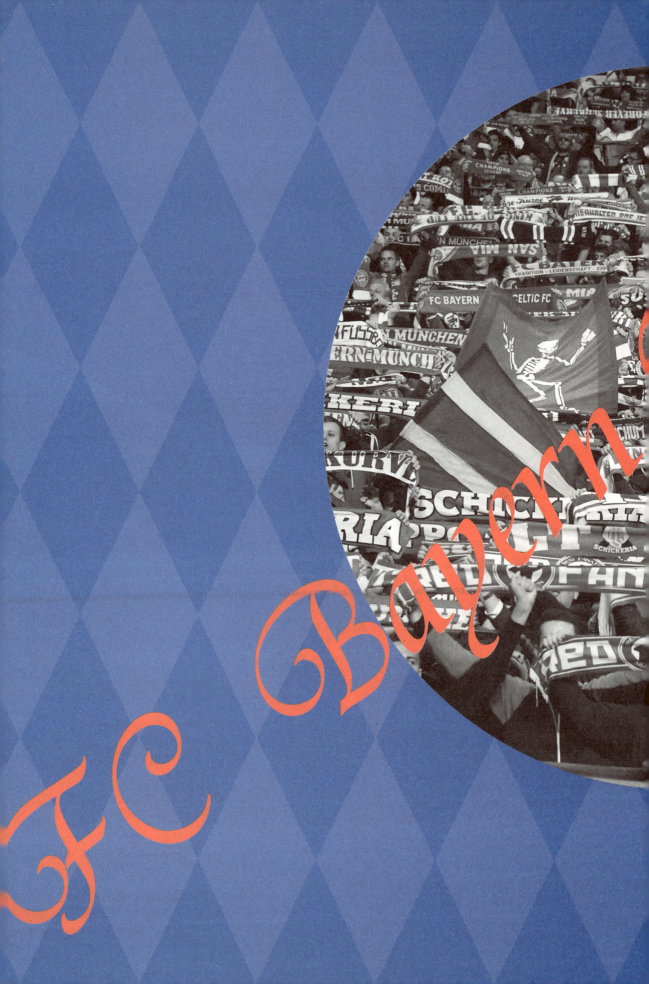

München

第一部分 生存 1900—1963

犹太人俱乐部，历经苦难终见光明

第一章

伟大诞生

19世纪，随着第一部文字形式的规划《剑桥规则》诞生以及英格兰成立世界上第一个足球协会，始于英格兰的现代足球开始向欧洲各国不断传播。不过在那个时代，唯有军事化背景的运动才有资格成为"体育"，例如单杠、跳马等带有军事活动演习色彩的体操项目自然成为欧洲大陆的热门运动，至于其他活动则普遍受到官方的打压。

于是，现代足球开始在德国生根发芽时，德国体操协会的报纸曾这样评价："外国的东西和外国佬从来没给德国带来什么好事，尤其是英国那些乱七八糟的玩意儿……见鬼去吧！这些糊弄大众的东西，千万不要让我们陷入相同的混乱中。"

然而，足球运动的魅力早已无法阻挡，19世纪末期，现代足球开始成为德国市民的宠儿。德国南部城市慕尼黑自然也不例外，只是受到的外界打压同样也不例外。

1900年2月27日，慕尼黑一个名为"Baeckerhoefl"的餐馆，慕尼黑1879男子体操俱乐部（简称：MTV1879）在这里召开了一次俱乐部全员大会。这次会议讨论的主题和新兴的足球运动有关：

首先，MTV1879旗下的足球部是否应该继续在体操俱乐部的庇护下踢球；

其次，是否允许足球部加入南德意志足球联盟（SFV）。

不难理解，肯定第一个提议是考虑第二个的前提。换句话说，如果MTV1879决定放弃，那么足球部也就名存实亡。主持会议的俱乐部主席率先提议："现在开始投票，同意足球部继续开展活动的成员请举手。"纵然餐馆里的足球部代表只有寥寥数人，但是他们仍然坚定地举起了自己的手，只可惜这点儿力量实在是微不足道。

如此结果，自然坚定了俱乐部主席的态度："既然大部分成员都不赞同足球部继续发展，那么我宣布，MTV1879麾下的足球部……"

"等一下！"一位举着手的年轻人显然不死心，"主席先生，现在足球运动不仅在德国，在全欧洲也是越来越流行。您真的不考虑本俱乐部发展足球运动吗？"然而，主席先生往台下瞅了一眼后根本没有回答这个年轻人，而是继续宣读足球部的解散决定。

"既然主席成心反对足球部的发展，兄弟们，那我们不如直接另起炉灶吧！"这位年轻人并没有选择妥协和放弃，而是果断地带着10名足球部的成员，一怒之下就此离开了餐馆。

如今，对于全世界无数拜仁球迷来说，这位年轻人的名字理应牢记在心——弗朗茨·约翰！正是源自这位年轻人的坚定信念和一时冲动，伟大历史在这个时刻开启，百年豪门在这个时刻诞生了！

回顾那个创造历史的晚上，弗朗茨·约翰等11名成员在慕尼黑找了家餐馆，探讨新俱乐部的成立事项。这11名成员无疑就是俱乐部的缔造者，其中除了几名领导，其余则是球队的首批球员，并从中任命了5人组成管理委员会，确定了球队的球衣颜色为白色和蓝色……

最终，大家兴致勃勃地议论到晚上11点多，在明确18条规章的基础上决定了三项关键事宜：

1.完全脱离老东家MTV1879，成立一个崭新的、独立的足球俱乐部；

2.选举约翰为俱乐部第一任主席；

3.将这个新俱乐部命名为"拜仁慕尼黑足球俱乐部"。

其实，球队的名称是11名俱乐部缔造者在成立会议上唯一产生分歧的地方。有人认为，"拜仁"在德语里是巴伐利亚州的意思，与已经成立的巴伐利亚俱乐部易混淆；也有人担心，俱乐部建立者大多没有慕尼黑血统，如此命名难免引发非议。毕竟约翰是柏林人，其他创立俱乐部的会员有的来自汉莎，有的来自普鲁士，还有几名犹太人。

事实证明，这份最初的担心并非多余。成立于1900年2月27日的拜仁慕尼黑足球俱乐部，很快就被别人打上"外来杂碎"的标签。更致命的是，俱乐部所涉及的血统问题，导致拜仁在两次世界大战中几乎遭遇了灭顶之灾。

第二章

不断拓荒

拜仁成立后，通过招兵买马，很快就云集了第一批球员，并在1900年3月迎来了队史上第一场比赛。这支有幸成为拜仁队史上首个对手的球队名为慕尼黑第一俱乐部，而比赛地点则在熙冉草坪。作为足坛新兵的拜仁以5：2的大胜完成了历史性首秀。没过多久，他们又遇到了老东家MTV1879，随即以7：1的悬殊比分实现"复仇"。

仅仅几个月的时间，新成立的拜仁便成了慕尼黑的绿茵霸主。此时，在欧洲大陆首屈一指的布拉格德意志队闻讯而来，进而向拜仁发出了邀请函。对此，初出茅庐的拜仁纵然不惧挑战，但是强大的对手让球队根本无力阻挡，最终拜仁0：8不敌对手，遭遇了建队后最惨痛的失利。

虽然遭到当头一棒，但这场惨败却激发了拜仁的雄心壮志。毕竟建队不久就能与如此强大的对手过招，不正是对这支新兴球队的最大肯定吗？此后，拜仁开始通过各种途径补强。

需要指出的是，就在拜仁成立伊始，首批创建者的身份并不简单，由此决定了俱乐部初期的超高门槛，例如1908年前明确规定"非高中毕业人士不得加入"。不仅如此，拜仁此时便已懂得通过金钱等方式招兵买马、强大自己，例如大手笔招入了德国足协创始人之一、来自弗赖堡的舒特柳斯，为在全德国乃至全欧洲站稳脚跟而不断充实自己。

如此快速发展的拜仁，自然吸引了诸多球队的关注。1901年，拜仁收到了来自巴伐利亚北部的第一纽伦堡足球俱乐部（简称：第一纽伦堡）的邀请，对方希望拜仁前往纽伦堡一决雌雄。在此之前，第一纽伦堡刚刚击败了另一支北巴伐利亚的劲旅——班贝格俱乐部，信心暴涨的他们急欲和来自南部的拜仁掰掰手腕，就此证明谁才是巴伐利亚州的足坛霸主。

为了扩大这场"巅峰对决"的影响力，第一纽伦堡可谓煞费苦心，不惜重金在当地报纸上做广告，顿时炒热了这场比赛。最终，两队多达上千名球迷来到现场观战，当地组织者不得不拉起几根绳子作为安保措施。不仅如此，两队球迷更是在赛前互不服气，打起了嘴仗……

然而当这场比赛在一片喧哗声中打响

后，现场观战的球迷逐渐发现比赛双方压根就不在一个水平线上。只见人高马大的拜仁球员犹如"遛猴"一般，不断地完成突破过人、短传长传、默契配合，第一纽伦堡的球员几乎没有招架之力，只得全场比赛追着球疲于奔命。

纵观全场，第一纽伦堡的门将绝对是队中的最佳球员。要不是他的高接低挡把拜仁的必进球拒之门外，第一纽伦堡的城门不可能只是被洞穿6次而已。直至赛后，这位门将也不得不坦言，其实拜仁已经给足了他们情面，要不然这场比赛的比分只会更为残忍。

在这场几乎一边倒的胜利过后，拜仁彻底树立了自身在巴伐利亚州的足坛地位，而此后一场接着一场的大胜，更是彰显拜仁在建立初期便已具备卓尔不凡的实力。

随着俱乐部的不断发展，拜仁开始面临着一个无法回避的严峻问题——没钱了。此时，拜仁看似在参加的比赛中胜多负少，但是比赛等级相对较低，有些友谊赛的奖金还不够往返车票钱。再加之会员缴纳的会费屈指可数，拜仁不得不开始在全国寻找金主，由此借助外界力量以进一步壮大自己。

1906年1月1日，已经万般无奈的拜仁找到了当时慕尼黑最大的体育团体——慕尼黑体育俱乐部（Munchner Sport-Club，MSC），希望他们能伸出援助之手。幸好MSC的总裁慧眼识珠，随即同意了拜仁的求助，还将自己的主场卡尔特佑多球场让给拜仁使用。作为回报，拜仁把俱乐部名称临时改成了"拜仁-MSC足球部"，并把球裤固定为红色。从此"红队"成了拜仁的称号之一。

再到1907年，彻底崛起的拜仁再次乔迁新居，搬到了慕尼黑利奥波德街的新球场。这是慕尼黑当时唯一有顶棚和观众席的球场，拜仁在这里的公开赛中以8∶1狂胜对手沃克队。不过，当越来越多的国外球队前来造访后，拜仁的表现却不尽如人意。

1908年4月20日，拜仁迎来了队史上第一支国际访客——来自法国的巴黎策尔格勒竞技队，结果拜仁以0∶3的比分败下阵来。如果说这场失利不能展现差距的话，那么当来自现代足球起源地英格兰的业余球队海盗队到来后，那场0∶8的惨败说明拜仁距离足球先进国家队伍的差距是如此明显。

第三章

惨遭迫害

随着拜仁在竞技领域不断提升，俱乐部管理层也在发生改变。1903年，拜仁创始人、首任主席约翰先生便因私事离开了俱乐部，一年后则完全离开了慕尼黑，回到家乡打理自己的照相生意。

纵然如此，拜仁从未忘记这位俱乐部的奠基人。1920年，约翰先生当选拜仁名誉主席，并在1936年被拜仁授予金制胸针，借以表彰他对俱乐部所做的巨大贡献。1952年11月17日，约翰先生在潘科与世长辞，但是他所留下的基业却在时间的积淀中不断发展壮大。2000年，就在他所创建的俱乐部100周年诞辰时，拜仁重修了他的墓地，并新建了一座墓碑。

约翰离开拜仁时，队内的荷兰球员威廉·海塞林克随即接任了他的职位。1906年，威廉同时成为拜仁的明星球员、经理和俱乐部主席。1911年，兰道尔成为拜仁新任俱乐部主席。正是在他们的持续带领下，拜仁的战绩不断提升，获得多个当地

赛事的冠军，并于1910—1911赛季加入了当地新创建的联赛"Kreisliga"，这也是巴伐利亚州第一个地区级联赛。

在联赛创办初年，拜仁便成功获得了冠军，由此迎来了队史第一个真正顶峰。接下来的几年，拜仁始终捍卫着球队的荣誉，然而此时的俱乐部完全沉浸于赛场上的表现，却不知外界的动荡和变化正在影响整个世界的格局。

1914年7月，萨拉热窝事件导致第一次世界大战全面爆发。当炮火真正到来时，整个德国被迫停止一切活动，当然也包括足球运动。于是，刚刚步入正轨的拜仁不得不暂停前进的脚步，俱乐部上下全部放起长假，直到战争结束才开始慢慢恢复元气。

待到1920年时，俱乐部已经拥有700多名会员，成为慕尼黑最大的足球俱乐部。当然，这也一直延续到了今天。在战绩方面，拜仁先是拿下了几个地区级别比赛的冠军，1926年又成了德国南部冠军。待到1932年，理查德·科恩教练带领的拜仁又凭借罗恩和克罗的进球以2：0击败法兰克福足球俱乐部（简称：法兰克福），首次成为德国全国级别赛事的冠军。

自此，拜仁成为德国家喻户晓的足球俱乐部。然而就当拜仁作为全国冠军打算

冲击世界赛时，历史上最为黑暗的时刻到来了……

如前文所述，拜仁自成立之初就是一个极具包容力的大家庭，时任俱乐部主席兰道尔是一名犹太人。然而随着20世纪30年代希特勒政权的到来，被冠以"犹太人俱乐部"的拜仁在那个时代所遭遇的危机处境可想而知！

就在1932年拜仁赢得队史第一个全国冠军仅9个月后，犹太人的身份使得兰道尔遭到了纳粹的迫害。对此，希特勒亲自介入并下令将兰道尔关入达豪集中营。33天后，忍辱负重的兰道尔想方设法逃出了集中营，并为了保全自己以及拜仁的安危而选择离开德国前往瑞士。

拜仁球员自然难逃清洗，俱乐部被定性为半职业球队后无法参加全国性的比赛，只能以支离破碎的局面在当地联赛中苦苦挣扎。纵然如此，有血性的拜仁上下始终没有泯灭斗志，而是选择和纳粹不断抗争。

1934年，部分拜仁球员在与纳粹冲锋队的打斗中英勇就义；1936年，拜仁边锋威利·施梅茨莱特居然主动要求与柏林奥运会冠军杰西·欧文斯合影。要知道，这位豪夺4枚金牌的黑人运动员曾让希特勒恼羞成怒。

最有名的故事来自时任拜仁队长海德坎普，就在其他球队纷纷响应纳粹号召"全民捐献金银制品支持战争"的时候，他和妻子坚定地把拜仁的全部奖杯藏了起来。如今，那些由海德坎普保护的奖杯，全部安然地存放在安联球场的拜仁博物馆中……

二战结束后，兰道尔回到德国并在1947年再次当选拜仁主席。不过，迫于纳粹主义遗毒的压力，兰道尔回到拜仁后并没有选择公开俱乐部保护犹太人、反对纳粹的历史。直到2012年，随着拜仁博物馆的建立，大量兰道尔时期的动人故事和老物件才重见天日，由此让这段抗争岁月丰富了拜仁的伟大历史。

为此，拜仁俱乐部为纪念兰道尔，以这位犹太人主席的名字命名了主场安联球场的道路，并在安联球场外竖起了兰道尔纪念牌。在这块全铜制的纪念牌上，刻着兰道尔的头像、生平简介。2012年9月，拜仁隆重举办了兰道尔纪念牌揭幕仪式。在现场，除了时任拜仁董事会主席鲁梅尼格，多名兰道尔主席的家人到场，共同见证了这一历史时刻。

第四章

战后重生

二战结束后，德国人终于恢复了足球的血脉。拜仁所属的美占区与法占区、柏林地区首先组织起地区联赛，带动起整个德国的地区联赛恢复活力。外界普遍认为，德国的全国性联赛恢复于1947年，但是事情的发展并不完美。苏占区，也就是后来的民主德国管辖范围退出了全国性联赛。

1949年，德国正式分裂成德意志联邦共和国（简称：联邦德国）和德意志民主共和国（简称：民主德国）。联邦德国足协，也就是拜仁所处足协将全国范围内的赛事分为5个赛区——北部、西部、西南部、南部和西柏林赛区。拜仁便在南部赛区里一争风云。

正是在这个风雨飘摇的年代，兰道尔回到德国，在1947年至1951年完成了拜仁主席的4年任期。回首二战期间，"血统不正"的拜仁已经毫无成绩，在迫害和炮火中能够存活下来并且不断抗争便已是最大

胜利。对此，兰道尔回到拜仁岗位后迅速带领球队重回正轨，但是鉴于当时整个德国千疮百孔，拜仁自然没有什么资金招兵买马，成绩自然难言起色。

1954年世界杯的"伯尔尼奇迹"，联邦德国队三球逆转夺冠对于战后重建的德国来说无疑是一剂强心针。然而对于拜仁来说，这份属于德国足球的回忆却有非常苦涩的滋味。因为在联邦德国队的参赛大名单中，只有汉斯·鲍尔一名拜仁球员，在打了两场比赛过后就被主教练弃之不用。再到关键的决赛胜利中，可以说没有一名拜仁球员的功劳——这是德国足球的胜利，却是拜仁球员的失败。

在此后很长一段时间内，联邦德国队中再也没有一位拜仁球员的身影。时任拜仁队长雅克布·施特赖特勒，已是参加过16年前1938年世界杯的老将，没有入选1954年世界杯大名单也算在情理之中。施特赖特勒作为一名非门将球员超过16年职业生涯还能担任队长，这在今天是不可想象的事情，但却反映出当时拜仁整体实力的孱弱。

1954—1955赛季，拜仁不幸降级，这是队史上第一次也是唯一的降级经历。尽管拜仁在第二年就重返顶级联赛，但这进一步证明拜仁每况愈下的处境已然是不争

的事实。此后在1957年，在42000名球迷的注视下，拜仁在奥格斯堡以1∶0击败杜塞尔多夫队，队史上第一次夺得德国杯，却不料在此之后再一次陷入了低谷。

1958—1959赛季，拜仁在新教练帕特克的带领下获得联赛第四名，打出了球队近十年来的最好成绩，可是来到第二年后又一次受到意外打击——德国足协认为拜仁在1957—1958赛季向球员支付了超过规定限制的工资，于是开出了一张扣除8分、罚款1万马克的罚单。

对经济上仍不宽裕的拜仁来说，这样的高额罚款无异于天文数字。要知道，就在德国杯夺冠那年伊始，拜仁一度拒绝参赛，理由仅仅是球队掏不出往返的车费。最终，拜仁经过申诉之后成功把处罚改成了扣除4分并取消了罚款。却不想恰恰就是失去的这4分，最终让拜仁的排名滑落到该赛季的第五位，失去参加全国锦标赛的机会。

是的，此时德国国内的全国赛事还叫全国锦标赛。直到1958年，德国还没有组织起正式的德甲联赛，74支球队通过分区赛制决出冠军，是今天德甲联赛18支参赛球队的4倍还要多。与此同时，其他足球强国，诸如西班牙、英国、意大利等国的职业联赛早已完备，甚至开始组织洲际联赛了。

不难看出，德国足球在那个时代渐渐落伍。1958年世界杯，联邦德国队在半决赛被东道主瑞典队淘汰，一定程度上掩盖了德国足球下滑的事实；4年后的智利世界杯，联邦德国队又输给了曾经的手下败将南斯拉夫队。

作为"伯尔尼奇迹"缔造者的教练赫尔贝格，始终没有离开国家队。或许是为了掩盖德国足球整体实力下滑的事实，同时也给英雄一个体面的退休，联邦德国队甚至没有参加1960年和1964年两届初创的欧洲杯赛事。直至1964年，绍恩接过了联邦德国队的教鞭；同时，拜仁终于结束了10年7任主席、13个教练的尴尬历史。

1962年，恩德勒卸任拜仁主席，继任者威廉·诺伊德克随即走马上任。他在主席位置上一坐就是17年，而此时恰好遇到了德甲联赛的正式诞生。

好时代，来临了！

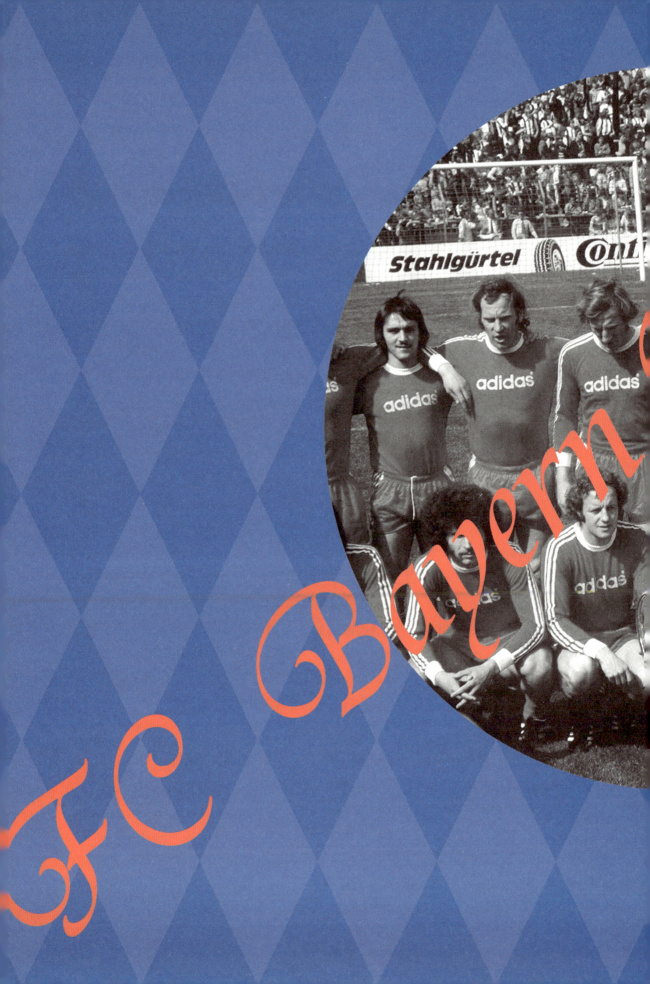

München

第二部分　根基　1963—1976

球皇改换门庭，一个巴掌改变历史

第一章
一个巴掌

纵观历史，慕尼黑并非只有一支球队，被球迷称为拜仁"表姐"的慕尼黑1860足球俱乐部（简称：慕尼黑1860）历史更为悠久，并有着载入史册的不俗战绩——1931年首次闯入德国冠军杯决赛，后于1942年夺得德国杯桂冠，由此赢得了队史首个全国冠军。

二战过后，慕尼黑1860依然是德国顶级强队。1963年，德国足球甲级联赛正式创立，由于德国足协当时规定一个城市只能有一支球队参加德甲，那么慕尼黑1860夺得地区冠军后顺理成章成为新成立的德甲联赛首批参赛队，并于1965—1966赛季举起了德甲冠军奖盘。此外，他们还在1964年赢得德国杯冠军，1965年闯入了欧洲优胜者杯决赛。

不得不说，时年的慕尼黑球队还是蓝色的。慕尼黑1860正是这座城市的王者，不仅垄断优质球员，对年轻球员的吸引力也远胜拜仁，直至那个改变足球历史的

"巴掌"诞生。

这是20世纪50年代的一场U14比赛，慕尼黑1860青年队球员在冲突中打了对方球员一个巴掌，而那名挨打的小伙子原本计划在赛季后加入慕尼黑1860，但是这个巴掌让他深感"不能加盟球员品行差劣的球队"，于是决定就此转投同城另一支球队——拜仁慕尼黑。

嗯，那名小伙子就是弗朗茨·贝肯鲍尔！

1945年9月，贝肯鲍尔出生在被战争毁为废墟的慕尼黑。二战结束后，足球是这个工薪阶层所在街区中的唯一乐趣，6岁时贝肯鲍尔便进入SC慕尼黑1906俱乐部，自此开启足球之路，直至穿上了拜仁的战袍。

不过，此时的拜仁仍然没有摆脱二战所带来的创伤，因此当贝肯鲍尔加盟时它还在低级别联赛打拼。特别是德甲联赛于1963年创建时，由于慕尼黑1860作为城市的代表成为首届参赛队，故而身为慕尼黑1860"小弟"的拜仁只能继续沦落于南部地区联赛。

当然，这一切根本无法阻止贝肯鲍尔的横空出世。在地区联赛上演拜仁"处子

秀"后，他在第二个赛季，也就是1964—1965赛季便带队成功升入德甲，至今未再降级。不仅如此，还有一位和贝肯鲍尔同龄的少年，因身材不佳被纽伦堡足球俱乐部（简称：纽伦堡）放弃后也在这个赛季加盟了拜仁，他就是日后成为拜仁队史最佳射手的"轰炸机"盖德·穆勒。

贝肯鲍尔、盖德·穆勒，再加之"门神"迈耶，拜仁的这套黄金三人组被德国媒体誉为"梦幻中轴线"。升入德甲后，拜仁虽在"德甲处子秀"0∶1不敌同城死敌慕尼黑1860，但是这支平均年龄仅有21.8岁的年轻之师很快便震撼了德国足坛，4轮过后一度升至积分榜榜首，还在次回合以3∶0的比分复仇慕尼黑1860。

赛季结束时，身为升班马的拜仁高居德甲第三，还在法兰克福6万余名观众面前赢得了队史第二座德国杯！再到第二个德甲赛季，"公牛"罗特加盟，还有施瓦岑贝克等小将上位，拜仁虽然联赛仅居第6位（盖德·穆勒以28粒进球首次获得德甲金靴），但是在杯赛赛场不仅成功卫冕德国杯，更在欧洲优胜者杯赛场连克维也纳快速队、标准列日队、格拉斯哥流浪者队后成功捧杯——这是拜仁队史上首个欧战奖杯！

对于冉冉升起的拜仁而言，德甲桂冠无疑成为全队必然追求的目标。虽然在1967—1968赛季，也就是德甲联赛首度纳入换人制的赛季，拜仁依然以第6名结束征程，但自进入1968—1969赛季后，随着贝肯鲍尔接任队长的拜仁已经无法掩饰王者风范——球队自联赛首轮便占据积分榜榜首，最终以领先第二名亚琛队8分的成绩提前夺冠，盖德·穆勒则以30粒联赛进球独占最佳射手。

除了队史首个德甲桂冠，拜仁在德国杯赛场同样势如破竹，最终2∶1击败沙尔克04足球俱乐部（简称：沙尔克04），成就队史首个"双冠王"。如此成就，自然离不开该赛季取代查科夫斯基出任主教练的泽贝奇。不过，这位南斯拉夫主帅却因多种原因在赛季结束后与俱乐部不欢而散。

面对群龙无首的局面，球队核心贝肯鲍尔站了出来。1969年夏天，他代表球队向一位从未执教过职业球队，只是担任过国家队助教和德国青年队主帅的年轻教练发出了邀请，而这位时年35岁的主教练在最初的诧异过后果断接过了拜仁教鞭。自此，属于乌多·拉特克的拜仁传奇时代开启了！

第二章

欧冠首冠

意想不到的是，1969—1970赛季，也就是拉特克执教拜仁的首个赛季，德甲联赛遭遇了有史以来最恶劣的天气状况和密集赛程。新年前夜，柏林曾降到零下17摄氏度，六天后更被深度达31厘米的积雪覆盖，而断断续续的降雪一直持续到了三月中旬。在这样极端恶劣的天气下，仅一月份就有37场德甲联赛被取消。加之世界杯的影响，该季德甲被安排得七零八落，德国杯决赛甚至被推到了第二个赛季进行。

如此混乱的赛季，纵然盖德·穆勒打进了38粒球，拜仁依然未能实现卫冕，而该赛季的冠军则被同时崛起的豪门球队门兴格拉德巴赫队（简称：门兴）收入囊中。赛季结束，面对这支拥有内策尔、福格茨等名将的竞争对手，拉特克开始展现独到眼光，在1970年夏天为拜仁先后签下了两名优质的18岁小将布莱特纳和赫内斯，而门兴则在此时签回了日后在两队史上都留下伟大成就的名将海因克斯。

接下来，德甲联赛进入了拜仁和门兴的十年争霸。1970—1971赛季，两队的竞争进入白热化。1971年4月3日，门兴在与不莱梅足球俱乐部（简称：不莱梅）的比赛中丢掉了重要的两分，趁机追平积分的拜仁让德甲冠军悬念首次留到了最后一轮。不过，门兴最终4：1大胜法兰克福，而拜仁却意外地以0：2不敌杜伊斯堡，遗憾地与冠军擦肩而过。

强势的门兴在此时无疑唤醒了更为强大的拜仁。1971—1972赛季，不甘失败的拜仁再度向冠军发起冲击，整个赛季打进德甲历史最高的101粒球，而盖德·穆勒则以40粒进球创造了单赛季最高进球纪录（直至2020—2021赛季才被莱万多夫斯基打破）。此外，拜仁还在该赛季创造了11：1大胜多特蒙德足球俱乐部（简称：多特蒙德）的队史最大比分胜利！

同样在这个赛季末，拜仁的另一项重要事件便是搬入了新落成的慕尼黑奥林匹克体育场。赛季最后一轮，拜仁在新球场的处子赛中迎来了积分仅差1分的沙尔克04。这一次，在德国首次采用电视技术现场直播的关键战役中，拜仁没有让冠军再度旁落，而是以5：1的比分大胜，成功捧起了德甲奖杯，整个赛季55分（换算成3分制为79分）的积分纪录直至2011—2012赛

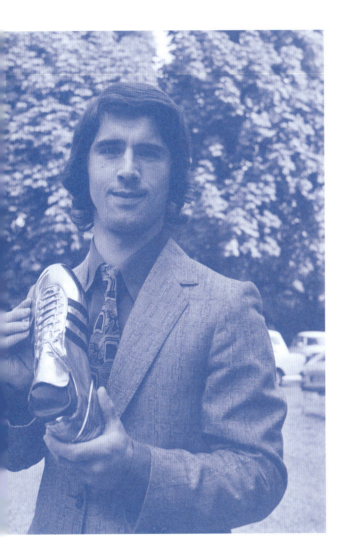

季才被多特蒙德打破。

　　这般强劲实力，自然让拜仁从此开启了在德国足坛的统治地位，而以此为根基的联邦德国队更是受益匪浅。1972年欧洲杯，联邦德国队可以说是组建了历史上最强的一支国家队，一路过关斩将，甚至连决赛都变成一边倒的比赛，最终由盖德·穆勒打进两球，韦默尔锦上添花，以3∶0完胜苏联队后轻松夺冠。"一切都很顺利，"穆勒回忆道，"我们全队非常和谐，每个人都能很好地理解队友，你不能要求更多了。"

　　1972—1973赛季，强势的拜仁在联赛首轮就牢牢占据积分榜首位，最终以11分优势成功卫冕；1973—1974赛季，拜仁在提前1轮夺冠后实现了德甲三连冠。只可惜球队或许过于松懈，在赛季末轮0∶5不敌门兴，由此为接下来的联赛转势埋下了伏笔。

　　纵观拜仁自联赛三连冠开启的成功之路，显然离不开德国足坛历史最伟大球员贝肯鲍尔的卓越奉献。随着拜仁开始称霸德甲，前锋出身的贝肯鲍尔渐渐开创"自由人"传奇位置。在防守时，他回到后卫中间甚至身后，四处补漏堵截；在进攻中，他可以从本方最后阵地发起冲锋，一路冲入对手禁区实施打击。

这种独特位置和踢法，既充分发挥了贝肯鲍尔能攻善守、技术全能的特点，也让他在场上的领袖才华得到最佳施展。于是，在球场上无所不在、无所不能的贝肯鲍尔开始成为世界足坛的新象征，而"足球皇帝"的赞誉由此诞生。

在贝肯鲍尔及黄金一代球员崛起后，实现队史首次联赛三连冠的拜仁将目标转向了欧洲赛场。不过，此时挡在贝肯鲍尔面前的最大挑战，正是有着"荷兰飞人"之称的克鲁伊夫。时年，克鲁伊夫率领全攻全守的阿贾克斯足球俱乐部（简称：阿贾克斯）已然称霸欧冠，特别是1972—1973赛季的欧冠，阿贾克斯以两回合5∶2的大比分淘汰拜仁。不过，这两位"绝代双骄"的强强对决此时不过是刚刚上演而已。

1973—1974赛季，众志成城的拜仁再度踏上了欧冠赛场。首轮对决，拜仁在面对瑞典冠军阿特维达堡队的比赛中遇到麻烦，好在点球大战中拜仁顺利晋级；第二轮面对民主德国球队德累斯顿迪纳摩队，首回合主场4∶3险胜的拜仁凭借盖德·穆勒的关键进球在客场3∶3战平对手后再度晋级。

度过起始阶段的艰难后，渐入佳境的拜仁终于开始展现冠军气质。欧冠1/4决赛，拜仁面对此前淘汰阿贾克斯的索菲亚中央陆军队轻松晋级，半决赛又4∶1大胜匈牙利冠军乌伊佩斯特队，最终在比利时布鲁塞尔的海瑟尔球场与西甲劲旅马德里竞技足球俱乐部（简称：马竞）共同踏上了欧冠决赛的舞台。

这是拜仁队史上首次闯入欧冠决赛，双方在沉闷的90分钟过后互交白卷。来到比赛第114分钟，马竞突然一击，阿拉贡内斯的任意球射门攻破了迈耶把守的拜仁球门。但是，拜仁将士在仅剩的时间内没有放弃！比赛最后1分钟，施瓦岑贝克接贝肯鲍尔传球后在距离球门30米处轰出远射，拜仁在裁判即将吹响结束哨声前奇迹般地扳平了比分。

根据当时的特殊规则，双方并没有就此进入点球大战，而是在两天后进行了决赛的重赛。这一次，已经彻底打出信心的拜仁丝毫未给对手任何机会，凭借赫内斯和盖德·穆勒的双双梅开二度，以4∶0的比分击败马竞后赢得了欧冠奖杯——拜仁队史上首次踏上了欧洲之巅！

第三章

足球皇帝

对于德国足球而言，黄金一代的成功只是刚刚开始！就在拜仁队史首次赢得欧冠奖杯后，贝肯鲍尔带领以拜仁球员为主的国家队踏上了世界杯的赛场。

回顾职业生涯，共为联邦德国队出场103场的贝肯鲍尔参加了三届世界杯。1966年，年轻的贝肯鲍尔首次参赛，司职中场的他成为世界杯历史上唯一在禁区外攻破雅辛大门的球员，可惜球队最终屈居亚军；1970年，已成核心的贝肯鲍尔再次出征，但是在半决赛对阵意大利队时被侵犯而导致肩膀脱臼。由于此时已无换人名额，贝肯鲍尔打上绷带继续战斗的场景成为世界杯的永恒经典，只是联邦德国队最终没有上演奇迹。

最终，永不服输的贝肯鲍尔把希望寄托在了1974年本土举办的世界杯。想不到的是，球队居然在首场比赛便陷入困境——他们在家门口0∶1输给了最不能输的对手民主德国队，这让批评和压力迎

面而来。不仅如此，主教练舍恩在赛后回到基地发现有球员居然在喝酒，空气中还有雪茄的味道，这让他顿时崩溃，不仅拒绝和球员一起用餐，甚至废掉原定训练以表达不满！看起来，整个球队已经病入膏肓，摇摇欲坠。

关键时刻方显英雄本色！

第二天的新闻发布会，把自己锁在房间里的老帅舍恩原本拒绝参加，但在听从一位名为比里肯斯多夫的老记者建议后，他带上了贝肯鲍尔出席。正是这场新闻发布会，贝肯鲍尔在得到足协认可后接替了主教练的职责。与舍恩整场未说一句话不同，"贝皇教练"自省了全队在首场比赛的失误，痛斥赛后自暴自弃的队友，并宣布将会对球队阵形和首发进行调整。

正是这场"兵变"，贝肯鲍尔把教练、队长和球员三种身份集于一身，并对球队进行了铁血般的改造，如把邦霍夫和赫尔岑拜因排进首发阵容，阵形改为更合适的3-5-2，这让球队精神面貌焕然一新，在两连胜后以小组第2名身份出线。

有趣的是，这样的成绩反而帮助球队在第二阶段有效避开了荷兰队以及同样是夺冠热门的巴西队，进而在击败南斯拉夫

队、瑞典队和波兰队后，与克鲁伊夫领衔的荷兰队携手闯入决赛——至此，"绝代双骄"在世界杯决赛的舞台上迎来了毕生最重要的一次对决！

1974年7月7日，两位球场的天才、伟大的队长，带领着各自的球队踏上了慕尼黑奥林匹克体育场。这场决赛自开场就进入了白热化。开球后，荷兰队通过强大的掌控能力连续完成16脚传递后将球送到克鲁伊夫脚下，后者以精湛的技术从中场带球长驱直入联邦德国队禁区。面对势如闪电的"荷兰飞人"，刚回到主力阵容的赫内斯在上抢中放倒了克鲁伊夫，点球！

开场72秒，荷兰就取得了领先，而联邦德国队全体球员此时甚至还没有碰到过球。此后的20分钟依然是荷兰队精彩演出，他们通过华丽技巧完全占据了场上主动，并持续威胁着对手的大门。

不过，贝肯鲍尔带领的球队并没有慌乱，在顽强扛过开局的困难后开始对荷兰队的软肋进行精准打击——决赛前夜，贝肯鲍尔召集教练组和球员研究战术时发现，虽然荷兰队在攻势犀利之余借助回追速度和集体协防保护防线，但是在边后卫助攻后依然留下了稍纵即逝的身后防守空当，而这正是联邦德国队的最佳突破口。

果然，联邦德国队此后成功打出致命攻势。第25分钟，前锋赫尔岑拜因突然插到左路带球突破，直至匆忙赶来的扬森将其铲倒。又是一粒点球，联邦德国队成功将比赛拉回到原点；临近上半场结束，联邦德国队瞄准荷兰防线边路空当再度冲击，贝肯鲍尔断球后及时把球调度至右路，邦霍夫得球后面对补位的荷兰队中卫阿里汉果断传中，跟进的盖德·穆勒虽未将球停稳，但他在短时间内迅速调整，半转身扫射球门远角得手，联邦德国队反超比分。

荷兰人的心态开始失衡，克鲁伊夫因为对裁判喋喋不休而在中场时吃到黄牌，而贝肯鲍尔则在休息室里大声鼓励队友并布置战术。来到下半场，面对大举压上的荷兰队，贝肯鲍尔坐镇防守枢纽迎敌。后来的影像资料展现了荷兰队在下半场如何施展进攻才华，但是他们始终没有突破贝肯鲍尔领衔的防线——最终，贝肯鲍尔赢得了世界冠军，而克鲁伊夫则当选最佳球员。

1974年"绝代双骄"在世界杯的谢幕演出，或许也是两人发展的分水岭。在阿贾克斯失去欧洲霸权后，贝肯鲍尔带领拜仁接替他们完成了欧冠三连霸伟业。此后，贝肯鲍尔在1976年底获得金球奖后退出国家队，随即转战美国纽约宇宙队并与

"球王"贝利一起夺得了首个北美联赛冠军奖杯。一年多后，克鲁伊夫因故退出国家队，并来到纽约与贝肯鲍尔成为队友，而这对"绝代双骄"就此在美国的土地上共同度过了一段美好时光。

不过，贝肯鲍尔与克鲁伊夫均没有在美国结束职业生涯。1981年，克鲁伊夫重回故土力助阿贾克斯两夺联赛冠军。可是由于和俱乐部主席不和，他于1983年又令人吃惊地转投死敌费耶诺德，在带队获得联赛冠军后宣布退役。就在此间，贝肯鲍尔也回到德甲加盟了汉堡足球俱乐部（简称：汉堡），在1982年带队拿下联赛冠军后选择退役。

第四章

三连欧冠

1974年，就在贝肯鲍尔带领拜仁首度赢得欧冠冠军，带领联邦德国队拿下第十届世界杯冠军后不久，一位名叫维利·赖纳克的拜仁球探来到了一支名为"利普施塔特"的小球队。在这里，有一个历经利普施塔特足球俱乐部各个年龄段梯队，并在此凭借才华横溢而声名远播的19岁小将。很快，这位名为卡尔·海茵茨·鲁梅尼格的新星来到了慕尼黑，就此穿上了德甲霸主拜仁的战袍。

这是拜仁队史上最为辉煌的时刻，在贝肯鲍尔、盖德·穆勒、赫内斯、迈耶等队友身边，鲁梅尼格无疑得到了最好的成长环境。在1974—1975赛季对决赫佐根奥拉赫队的比赛中，鲁梅尼格在下半场替补登场，随即凭借出色的盘带技术屡屡撕破对手防线，并在连续过人之后助攻盖德·穆勒轻松地推射入网。

完成进球后，盖德·穆勒激动地拍了拍鲁梅尼格的肩膀，并充满感谢地称赞：

"小伙子，你做得很好！"如此鼓励与提携，让鲁梅尼格的自信不断提升，并迅速跻身球队主力阵容，在德甲历史最佳射手盖德·穆勒的身边出任影锋或边锋。首个赛季，鲁梅尼格便在28次出场中为拜仁贡献了6粒进球。

不过，拜仁在这个赛季的德甲赛场可谓举步维艰。赛季首轮，拜仁便以0∶6惨败于弱旅奥芬巴赫踢球者队，主教练拉特克也在这个赛季中期被解雇。1975年1月16日，新帅德克马·克拉默正式走马上任——这位柏林赫塔足球俱乐部（简称：柏林赫塔）的前总经理由此开始了首次担任德甲俱乐部主教练的生涯。

对于拜仁球员来说，这位"足球教授"并不陌生，贝肯鲍尔早在20世纪60年代初第一次见到克拉默时就与这位伯乐相谈甚欢。同时，赫内斯、罗特、鲁梅尼格等球员也和克拉默私交甚笃，媒体甚至把鲁梅尼格直接称呼为"克拉默的干儿子"。如此亲密的师徒关系，自然帮助克拉默迅速适应了新岗位。

由于拜仁在克拉默上任时已在德甲落后太多，因此球队果断把重点目标转向了欧冠赛场，而球队自然而然在欧冠成立20周年的赛季里连战连捷，先后轻松淘汰了民主德国球队马德堡队、苏联球队埃拉华特队、法国球队圣埃蒂安队，最终与英甲冠军球队利兹联队狭路相逢，为了最高的奖杯进行最后一搏。

回顾这场发生于法国巴黎王子公园球场的欧冠决赛，"争议"二字或许是最佳诠释，而这一切则源自当值主裁明显偏软的吹罚尺度。特别是开场4分钟，由于利兹联队中场球员约拉特的野蛮犯规居然未被吹罚，导致两队球员的动作尺度不断提升，甚至上演了一场"搏击"比赛。第34分钟，贝肯鲍尔在禁区内明显报复性放倒了利兹联队前锋卡拉克，当值主裁对这个"红点"动作依然无动于衷。

随着比赛火药味越来越浓，彻底爆发的时刻在比赛第62分钟到来了。此时，全场占据优势的利兹联队由洛里默借助精妙配合打进一球，当值主裁也指向了中圈，但是贝肯鲍尔却在对方庆祝的同时强烈向裁判组怒吼施压。或许是"足球皇帝"的霸气无法阻挡，边裁犹豫过后举起了越位的旗帜，主裁只能改判这粒进球无效。

从慢镜头来看，根据当时的规则，利兹联队确实有球员处在越位位置而进球无效，但是主裁判这般明显变幻无常的吹罚立刻引发了利兹联队球员的怒火。此后，拜仁借助对手的心态失衡而扭转战局，最终由罗特和盖德·穆勒先后完成进球，以2∶0的比分击败对手后成功卫冕欧冠。

其实，这场比赛的赛后新闻更为热闹。愤怒的利兹联队球迷由于不满失败，在赛后拆除了球场座椅，把杂物扔向拜仁球员，甚至与拜仁球迷、法国警方发生了激烈冲突。同样，利兹联队球员也不服气，洛里默在比赛后尖刻地嘲讽道："我想慕尼黑人一定会给当值主裁提供终生免费啤酒。"最终，利兹联队因球员和球迷的不理智举动被欧足联禁止参加欧洲赛事长达三年，而这一切自然不会改变拜仁的冠军结果。

1975—1976赛季，克拉默麾下的拜仁看上去似乎依然不会踢联赛，上半程仅位居联赛第10位，还输掉了对阵基辅迪纳摩队的欧洲超级杯，直至赛季结束时才追至第3位，而拉特克则接替怀斯怀勒成为门兴主师后带队顺利卫冕。好在鲁梅尼格在这个赛季更进一步，代表拜仁在50次出场中完成13粒进球，已然成长为球队的锋线主力。

相比于国内赛场的处处不顺，拜仁在熟悉的欧冠赛场反而轻松很多。在淘汰爱沙尼亚球队埃施青年队、瑞典球队马尔默队、葡萄牙球队本菲卡队后，拜仁在半决赛遇到了西甲豪门皇家马德里队（简称：皇马）。此时的皇马虽然没有20世纪50年代欧冠五连冠的统治力，但是皇马队内的内策尔、布莱特纳等德国球星让这场对决充满了"德国内战"的意味。

首回合比赛在马德里进行，双方以1∶1握手言和。次回合来到慕尼黑，盖德·穆勒站出来接管了比赛，凭借他的梅开二度，拜仁以总比分3∶1顺利晋级决赛。或许，这两支来自德国和西班牙的顶级豪门就此结下了梁子，在接下来的40余年的欧战赛场奉献了无数经典的强强对决。

在战胜皇马后，拜仁连续三年来到了欧冠决赛的赛场，这一次的对手则是来自法国的"双冠王"球队圣埃蒂安队。却不想就在决赛开场前，年仅20岁的鲁梅尼格因为过于紧张而脸色突显苍白，导致队内工作人员吓出了一身冷汗。然而主教练克拉默却是见怪不怪，居然拿出了两杯干邑和鲁梅尼格对饮，正可谓"酒壮怂人胆"！

随后，双方球员踏上了位于苏格兰格拉斯哥汉普顿公园球场的决赛场地。开场仅两分钟，盖德·穆勒便成功攻破对方球门，但是这粒进球被边裁误判为越位。此后，圣埃蒂安队渐渐掌控比赛主动权，桑蒂尼在上半场第40分钟的头球攻门正好击中了拜仁的门柱，而拜仁门将迈耶一度成为最忙碌的球员。

在顶住对手的狂轰滥炸后，拜仁终于在进攻端做出回应。比赛第57分钟，拜仁获得前场任意球机会，贝肯鲍尔轻轻把球一拨，跟进的罗特怒射破门，为拜仁打破比赛僵局。此后，圣埃蒂安队向拜仁发起了疯狂的反攻，下半场的补时更是长达8分钟，唯独贝肯鲍尔领衔的防线老到而稳健，最终保证拜仁成功实现了傲人的欧冠三连冠！

München

深陷破产危机，传奇扶大厦之将倾

第一章
新职登场

欧冠三连冠后，贝肯鲍尔顺理成章地获得金球奖，拜仁在击败克鲁塞罗队后又赢得了丰田杯冠军——拜仁黄金一代达到了历史巅峰，但也迎来了落幕时刻。1976—1977赛季，拜仁的由盛转衰已经无法阻挡，不仅眼睁睁地看着门兴实现了德甲三连冠，赛季结束后更是遭遇了贝肯鲍尔离队的转折时刻。

1977年夏天，由于税务问题和政府彻底翻脸，已经退出联邦德国队的贝肯鲍尔决定离开拜仁，并踏上了美国的土地。在这片足球荒漠，贝肯鲍尔在纽约宇宙队与"球王"贝利相遇，那份领袖气质下的指挥能力在场上甚至让贝利心悦诚服，于是两人携手的首个赛季便夺得了北美联赛冠军奖杯。

一年多后，贝肯鲍尔在纽约宇宙队迎来了老对手克鲁伊夫的加盟，这对"绝代双骄"就此共同度过了一段格外美好的队友时光。此后，贝肯鲍尔还曾和一位老队友有过同场竞技，那就是1979年转至劳德代尔堡队的盖德·穆勒，后者在这支美国

球队效力至1981年后正式退役。

不过，"贝皇"与"克圣"均未携手在美国结束职业生涯。直至1981年，克鲁伊夫重回故土力助阿贾克斯两夺联赛冠军，此后由于和俱乐部主席不和，在1983年令人吃惊地转投死敌费耶诺德队，在带队获得联赛冠军后退役；就在此间，贝肯鲍尔回到德甲加盟了汉堡，在1982年带队拿下了联赛冠军。

当然，这是后话。

其实在1978年夏天，还有一位欧冠"三冠王"时期的主力球员离开了拜仁，可惜他在新东家纽伦堡仅踢了几个月后便因严重膝痛的折磨而不得不结束了职业生涯。于是，这位在拜仁历史上地位和贡献甚至高于贝肯鲍尔的传奇人物，在新岗位上正式登场了——带领拜仁40年的伟大巨人乌利·赫内斯！

1952年，赫内斯出生在德国乌尔姆，自幼便在当地俱乐部开启足球之路。1970年受名帅拉特克邀请，赫内斯与拜仁签下第一份职业合同。此后作为贝肯鲍尔、盖德·穆勒的得力队友，时年被誉为"欧洲最快边锋"的赫内斯成长为黄金一代的重要力量，为拜仁和国家队赢得了荣誉无数。

可惜天妒奇才，早早完成足坛"大满贯"的赫内斯因伤病在当打之年便遗憾地离开了绿茵场。只是上帝给你关上一扇门的同时，一定会为你再打开一扇窗。这次无奈退役改变了赫内斯的人生，更是彻底改变了世界足坛的历史。

1979年劳动节当天，刚刚退役的赫内斯搬到了塞本纳大街的办公室。外界或许想象不到，时任拜仁主席诺伊德克在辞职前做出了任内最重要也是最有眼光的决定，那就是让27岁的赫内斯就此成为德甲历史上最年轻的球队经理。

或许在今天看来，这份"肥差"简直让赫内斯一步登天。事实却是当年的拜仁俨然没有如今这般健全，赫内斯带领仅有的12名员工开始承担所有工作。更致命的是，拜仁此时正面临历史上最困难的时刻！

自贝肯鲍尔等人离队后，失去灵魂的拜仁实力大减，在1977—1978赛季仅排名德甲第12位（历史最低），还在1977年底闹出了拜仁把主教练送到法兰克福以换来对方主教练洛兰特的"换帅"闹剧。然而，这出闹剧根本没让拜仁得到任何积极改变，整个球队几乎砸在了洛兰特的手里。

著名的《时代》周刊在1978年圣诞节前几天曾这样写道："毫无疑问，拜仁的匈牙利教练洛兰特在缓和紧张气氛方面并没有做太多工作。在每一场令人失望的比赛过后，慕尼黑报纸的读者都可以期待读到关于球员、教练和主席之间的纷争。"

其实赫内斯在此前几个月离开拜仁的导火索，也是因为洛兰特根本不让他出场，可见球队内部在糟糕战绩之余已经崩盘。不仅如此，仅有1200万马克营业额的拜仁还背负了700万马克的沉重债务，其中一半是必须迅速偿还的税金，因此正面临德国足协的巨额罚款和取消联赛资格的危险。

在这生死存亡时刻，拜仁为什么把拯救俱乐部的重任交给了刚刚离队并退役的赫内斯呢？其实，诺伊德克的选择绝对不是让赫内斯充当炮灰（哪怕后者曾一度这样认为），在邀请不莱梅时任商务经理阿绍尔遭拒后，他发现了赫内斯在球员时代便已展现的经济头脑和经营才华，而这自然和后者的出身环境及发展轨迹密不可分。

由于出生在屠户家庭，赫内斯最早接触的不是足球而是账本，这让他形成了超于常人的商业思维。球员时期，赫内斯还在闲余时间苦读体育经济学，由此对体育商业化发展有了充分感悟，这就不难理解他为何在结婚时将婚礼独家照和专访出售给报纸并挣了2.5万马克，更不难理解他在球员时期曾借助跟汽车生产商道伊茨的私人关系，为拜仁拉来了3年180万马克的赞助并抽取了10%的佣金……

凭借这般在足球和商业领域的双重天赋，赫内斯成为诺伊德克器重的对象。同时，眼看拜仁就要毁灭，刚刚退役的赫内斯也毫无畏惧地接过了带领俱乐部走出困境的重任，并带着深深情感重返母队展开了救亡之旅："我来到俱乐部上班的第一天就极具动力和激情。我当时穿着一个灰色夹克，并且手臂夹着一个笔记本。"

第二章
再度起航

在这份情怀下，赫内斯在辉煌的球员生涯后开创了新的篇章，并以拜仁经理的身份开始在比赛时坐在新任主帅策纳伊和年轻的"神医"沃尔法特身边——前者在1979年2月自洛兰特手中接过了拜仁教鞭，后者则是源自为贝肯鲍尔的一次治疗而在1977年得到了拜仁的工作邀请。只是，赫内斯的经理工作远不止于此。

据鲁梅尼格后来回忆："当年拜仁的名字远不如今天这样响亮。当赫内斯刚刚回来工作的时候，我们的训练场其实就是个种马铃薯的菜地，我们去不莱梅（位于德国北部）踢客场比赛，往往需要在法兰克福进行中转。运气好的话，我们可以很快就在不莱梅吃上三明治，但是当慕尼黑大雾的时候，赫内斯需要弄来一辆大巴，让我们从纽伦堡走，或者租五辆出租车送我们回家。"

除了在日常管理工作中事无巨细，赫内斯更要及时重塑拜仁的阵容实力，以再度重回争冠行列。

就在此时，命运的神奇之处突然彰显出来！就在赫内斯就任经理后仅一周，拜仁便借助这层关系以区区17.5万马克从斯图加特足球俱乐部（简称：斯图加特）引进了他的弟弟迪特·赫内斯，据说这也是诺伊德克当初选择赫内斯的重要因素。不仅如此，拜仁还借助赫内斯在球员时代离开拜仁前所拉来的那笔180万马克赞助费，在1978年自布伦瑞克队买回了赫内斯的好友布莱特纳。

于是，崭新的拜仁开始搭建起来！

1951年出生的布莱特纳是一位颇具争议的传奇球星。1970年，布莱特纳和赫内斯几乎同时加盟拜仁，并在第二年入选了国家队。不过，就在1974年赢得欧冠冠军以及世界杯冠军后，"少年得志"的布莱特纳却因和队友交恶而转战伊比利亚半岛，在皇马效力三年后又因妻子要求回国加盟了德甲布伦瑞克队，直至一年后重返拜仁。

此时的布莱特纳，已经由边后卫改踢中场。由于他的右脚技术出色、远射能力出众，在场上颇具大将之风。于是，时任主帅策纳伊果断树立了布莱特纳的中场核心和队长位置。只是拜仁此时的王牌球员并非布莱特纳，而是由青涩走向成熟的锋线杀手鲁梅尼格！

自贝肯鲍尔、盖德·穆勒、迈耶（1979年因车祸被迫退役）等传奇球员相继离队后，鲁梅尼格开始承担起带领球队负重前行的重要使命。1978年世界杯，联邦德国队止步于第二阶段，鲁梅尼格在赛事中独入三球，成为球队少有的亮点。

此后，在策纳伊教练的改造下，鲁梅尼格渐渐开发出自己的射手本能，把位置彻底提升为前锋。于是，外界发现鲁梅尼格除了超强的脚下技术和盘带能力，更拥有顶级射手的抢点意识和完美射术。1978—1979赛季，鲁梅尼格彻底接过了盖德·穆勒留下的战斗力和射门靴，单赛季完成14粒进球，带领拜仁在德甲联赛升至第4位。

再来到1979—1980赛季，鲁梅尼格的射手本色彻底爆发，在47场比赛中打进36粒球，其中在联赛层面攻入26粒球，在首次成为德甲最佳射手的同时带领拜仁时隔六年再度赢得德甲冠军——毫无疑问，新一代"轰炸机"正式起航了！

1980年，扩编后的欧洲杯在意大利拉开帷幕。鲁梅尼格带领复兴中的联邦德国队踏上赛场，首场比赛便击败捷克斯洛伐克队并报了4年前的决赛之仇。此后，阿洛夫斯的帽子戏法力助联邦德国队3∶2击败荷兰队，最后一轮0∶0战平希腊队后闯入决赛。最终面对风头正劲的"欧洲红魔"比利时队，鲁梅尼格带队成功击败对手并举起了欧洲杯，并由此获得了赛事"最有价值球员奖"。

此时的鲁梅尼格，已然晋升世界顶级球星行列。哪怕位置不同，他依然被视为"足球皇帝"贝肯鲍尔的接班人，由此获得了"球皇二世""新恺撒"等称号，甚至和巴西球星济科被誉为"贝皇""克圣"之后的足坛新一代"绝代双骄"。来到1980年底，凭借超强的影响力和统治力，鲁梅尼格获得年度金球奖，高达96%的"首选率"至今也无人可以撼动。或许很多球迷不知，知名漫画《足球小将》中卡尔·海因茨·施奈德的原型便是鲁梅尼格。

在1980年欧洲杯后，鲁梅尼格达到了职业生涯的巅峰。特别是俱乐部层面，鲁梅尼格和布莱特纳带领拜仁开创了"布莱特纳时代"。1980—1981赛季，鲁梅尼格在45场比赛打进39粒球，其中以29粒联赛进球再度赢得德甲金靴并率领拜仁成功卫冕，可惜拜仁在欧冠半决赛被利物浦足球俱乐部（简称：利物浦）多打进1粒客场球而遗憾出局。

纵然如此，鲁梅尼格在1981年底再度获得年度金球奖，成为该时期的足坛第一人。英国流行乐组合Alan&Denise甚至推出了一首歌颂鲁梅尼格的单曲，大赞其"性感的膝盖"。同样也是这一年，布莱特纳则当选了德国足球先生，甚至在鲁梅尼格的劝导下宣布重返国家队，可见这对惺惺相惜的完美搭档不仅带领拜仁重返德甲之巅，更是携手带领"德国战车"砥砺前行。

第三章

空难逃生

就在布莱特纳回到国家队和鲁梅尼格并肩作战后不久，一场突如其来的空难发生了！

这是1982年2月17日，忙完一天工作的赫内斯为赶去汉诺威观看联邦德国队对阵葡萄牙队的友谊赛，他搭乘朋友的私人飞机自慕尼黑飞往汉诺威。飞机型号是佩帕公司的塞内卡双发螺旋桨飞机，飞行员是退役滑雪运动员永宁格，副驾驶是24岁的大学生，乘客则只有赫内斯和慕尼黑一家报社的老板。

当天晚上6点15分，飞机从慕尼黑顺利起飞。由于感觉很困，赫内斯便独自一人走到机舱尾部坐下来并迅速进入了睡眠状态。然而飞行一个半小时后，来到汉诺威的飞机在预备降落时与机场出现了通报问题。在塔台指挥下，飞机向北转弯并准备重新爬升，却不想塔台就在这时与飞机突然失去了联络，飞机信号也顿时从雷达上消失了。

事不宜迟，机场立刻组织有关人员开展搜救行动。大约两个小时后，他们终于找到了飞机残骸——这架私人飞机坠毁在机场西北方向约15千米的一片沼泽地，残骸散落在直径100多米的范围里。其中，一个螺旋桨悬挂在一排被撞烂的围栏上，后面几十米是一头扎进湿软地面的驾驶舱。

在飞机残骸里，发现了三具依然系着安全带的尸体。不过问题在于，登机记录表明应有四名人员在飞机上，那么另一名乘客此时去哪里了呢？是的，这名幸存的乘客正是赫内斯。在如此严重的坠机事故中死里逃生，真的是有太多太多幸运因素集中在了赫内斯的身上：

一方面，坐在最后一排的赫内斯并没有系安全带。同时由于睡得太死，不知飞机遭遇事故的他始终没有任何慌乱动作，因此在飞机坠地解体时，还在睡梦中的赫内斯直接被甩了出去；另一方面，飞机坠落在一片沼泽地。可能受益于地面较为湿软，被甩出去的赫内斯只是遭遇多处骨折和脑震荡。当然，球员出身的良好体质也确保赫内斯经受住了这次严重冲击。

更为幸运的是，此时遭遇重伤的赫内斯及时得到了救助，而伸出援救之手的则是当年42岁的森林管理员卡尔海茨·德佩。

当天晚上，德佩先观看了一会儿联邦德国队与葡萄牙队友谊赛的电视直播。由于联邦德国队很快就2：0领先且比赛难言激烈，这名守林人在快到9点时便关掉电视并坐进吉普车出发巡逻。15分钟后，他突然发现路边灌木丛中有个黑影不断晃动。凭借经验，德佩最初认为不过是野猪等动物罢了，但是当他下车悄悄走近并用手电照过去后却发现，原来是个人！

此时的赫内斯满脸血污、衣衫破烂，很明显处在极度恐慌中。德佩后来回忆道："他当时看起来真可怕，嘴里不停地念叨着毫无关联的语句，不断发抖并反复地说：'冻死我了，冻死我了……'"尽管只是借助手电的光照，不过身为球迷的德佩还是很快就辨认出：这个衣衫褴褛的家伙居然是拜仁球队经理赫内斯。

于是，德佩迅速把吓坏了的赫内斯拉进吉普车里并抄近路去医院，只是由于慌张导致车子陷进了泥泞的沼泽里。好在这位守林人熟悉地形，一路小跑找到最近的村庄并从电话亭拨通了急救中心的电话。此时机场早已得到空难通知，待命多时的救护车很快就找到了他们，并把赫内斯第一时间送到了汉诺威城北医院。

来到医院的赫内斯浑身是伤，进入急救室后直至凌晨一点也未脱离生命危险。此时，布莱特纳、鲁梅尼格等拜仁球员在国家队比赛结束后得到消息，连球衣都没有换就直接赶到医院。在赫内斯接受急救的三个小时里，布莱特纳一支接一支地点着烟，却只是拿在手里任其自燃自灭，鲁梅尼格则抱着头在角落里不停掉泪……所幸的是经过漫长等待，他们终于迎来了最好的结果：赫内斯获救了！

尽管医生保证赫内斯已进入安全期，但是布莱特纳等人还是整夜都守在了他的病床旁，却不想赫内斯第二天醒来后问的第一句话居然是："国家队的比赛结果如何？"至于这场灾难的过程，赫内斯由于当时在飞机上睡得太死，后来完全没有任何记忆，只记得自己上了飞机就睡着了，然后就是在医院里醒过来……

过了几天，赫内斯转回了慕尼黑当地医院，详细了解了这场事故以及自己死里逃生的来龙去脉，更是亲身感受到人世间的深深情感。在这段日子里，布莱特纳几乎全天守在经理办公室门口，不让任何人踏入半步，以至于赫内斯再度回到办公室时发现桌上干干净净，无须处理堆积如山的文件，由此发自内心地表示："这段经历让我们的一生都紧紧地连在了一起！"

作为这次空难幸存者，赫内斯犹如得到新生，这让他更懂得人世间情谊的珍贵，除了始终把家庭放在首位，还立志把拜仁打造成家庭式俱乐部——正源于此，心地正直、坦诚相待、重情重义的人格魅力成为赫内斯的真正标签，不仅在物欲横流的足坛成为最具人情味的俱乐部主席，更是把拜仁打造成足坛最具人情味的俱乐部。

　　就像外界后来看到的，当里贝里生日时，他会第一时间献上蛋糕；当布雷诺涉嫌纵火时，他当着媒体大骂警方荒谬；当拜仁赛季前集训辛苦时，他会把全队请到家中共进晚餐。在拜仁，无论谁有烦恼或需要帮助，赫内斯办公室的大门永远敞开，所以就连波多尔斯基离开拜仁多年，还会时常给赫内斯打电话求助；当巴拉克决定离开拜仁时始终不敢联系赫内斯，担心被赫内斯的魅力所说服留队。就连凯泽斯劳滕球队主席巴德也感激道："如果有俱乐部陷入困境，总是可以找赫内斯求助。"

　　如今来到拜仁，还会有很多名宿分享与赫内斯的回忆。盖德·穆勒会告诉你，当他退役后迷失于整日酗酒时，是赫内斯找到他并给予他新工作；迈耶会告诉你："唯有感谢赫内斯，没有他我活不过35岁。"当绍尔遭遇离婚步入低谷时，是赫内斯助他重新振作；还有20世纪80年代效力拜仁的丹麦球员伦德，在离开拜仁后曾遭遇严重车祸，是赫内斯第一时间赶来并陪在他身边。伦德最终从死亡线挣扎回来，感慨道："我在生命剩下的时间里都会感谢赫内斯。"

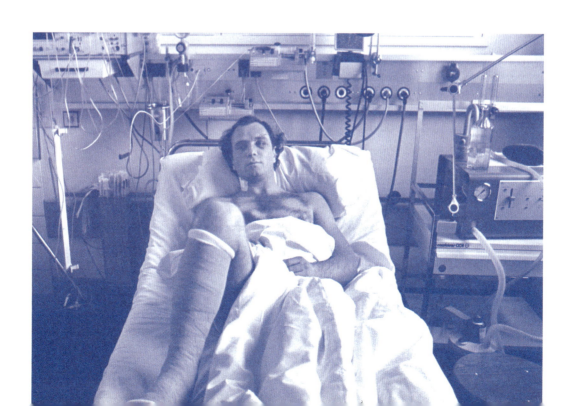

第四章

存亡时刻

很难讲，这场空难是否影响到了拜仁球员的竞技发挥。1981—1982赛季，拜仁未能如愿德甲卫冕，只能以联赛季军的成绩目送"皇帝"贝肯鲍尔在职业生涯的最后一季带领汉堡夺冠。同时，拜仁还在该赛季成功闯入欧冠决赛，却意外不敌在英甲只是排第15名的阿斯顿维拉队，不仅历史上首次输掉欧冠决赛，也留下了极大的遗憾。

鲁梅尼格开始遭遇的持续伤病也是无法忽视的绊脚石。1982年世界杯，外界普遍认为这会是一届"鲁梅尼格VS马拉多纳"的经典赛事，可惜伤病问题让鲁梅尼格的第二次世界杯之旅蒙上了阴影。纵然如此，他依然在小组赛对阵智利队的比赛中上演"帽子戏法"，并在半决赛与法国队的对决中再度力挽狂澜。

这场半决赛无疑是世界杯的经典名局，双方在常规时间战成1∶1。进入加时赛，普拉蒂尼带领的法国队很快连入两球。有伤在身的鲁梅尼格在此时替补上场，仅5分钟后便以杂耍般的外脚背弹射为联邦德国队扳回一球。随即，他又帮助费舍尔以精彩的倒钩扳平比分。进入点球大战，在普拉蒂尼于第五轮先进球后，顶着巨大压力的鲁梅尼格成功挽救赛点，最终为联邦德国队的晋级立下汗马功劳！

但这届世界杯注定属于罗西和他的意大利队。决赛已经消耗太多体力的联邦德国队遗憾败北，而荣膺银靴的鲁梅尼格入选最佳阵容。不过，当鲁梅尼格结束这届赛事回到俱乐部时，拜仁的另一场危机即将改变他的职业生涯。

这一年，赫内斯其实已经担任拜仁经理三年多了，却不想俱乐部的财政赤字依然严峻。如今的球迷或许无法理解，在那个商业足球发展非常有限的年代，其实几百万马克的欠债便足以让一家俱乐部就此破产，而拜仁此时已经到了生死存亡的关键时刻。

赫内斯在担任拜仁经理伊始便意识到球队收入来源过于单一："当我开始工作时，我们只是一家普通的俱乐部，没有市场营销和商品开发之类的事情，电视转播收入也很少。天气好的时候，人们就来看比赛；天气不好的话，他们就待在家里，但我们完全依赖于上座率，毕竟85%的收入来自门票销售。"

同时，赫内斯成功预见到了未来足球的商业化趋势。在偶然参观美国棒球队商店后，赫内斯开始用各种方式拓宽拜仁的收入渠道。很快，拜仁签下历史上第一份球衣赞助合同，与电视台签下高价转播协议，并建立了球迷商店销售纪念品。"我去美国学习了美式橄榄球与棒球的经营模式，他们通过出售周边产品进账数百万，甚至上千万。"

不仅如此，赫内斯还挨家挨户拉赞助，并带队到亚洲通过友谊赛的方式"走穴"。想不到的是，这番如今再平常不过的"亚洲行"在当时反而颇具争议，因为球队将士根本无法理解这种毫无意义的纯商业行为。例如拜仁主帅拉特克便拒绝带领球队参加这样的表演性比赛，并直接把指挥权交给了助教。

1982—1983赛季拜仁仅位列德甲第四名，策纳伊黯然"下课"，功勋主帅拉特克再度接过了拜仁教鞭。不过，这一年夏天针对拜仁"亚洲行"闹得最凶的并非拉特克，而是布莱特纳——由于对亚洲行期间的商业比赛表达强烈不满，布莱特纳和赫内斯彻底翻脸，甚至在商业比赛中主动"认领"红牌后暴怒离场。

更难以置信的是，原本计划再踢一年的布莱特纳，就在这场比赛结束后宣布提前退役。布莱特纳以如此"另类"的方式结束了自己的职业生涯。至于此后他和赫内斯之间分分合合的足坛故事，更是至今尚未结束。

唯独在赫内斯看来，即便自己的行为不被理解，但是没有什么比拜仁的生存更为重要。1984年5月中旬，就在德甲争冠形势异常胶着的时刻（此时前5支球队的积分只差3分），拜仁突然召开了一场足以吸引世界足坛目光的新闻发布会。

时任拜仁主席霍夫曼、司库舍勒、鲁梅尼格、拉特克以及来自国际米兰足球俱乐部（简称：国际米兰）的皮特罗洛和萨尔托里，面对着上百名记者以及不计其数的闪光灯与摄像镜头宣布了这条重磅新闻：鲁梅尼格将于7月1日成为国际米兰球员，转会费达到创历史纪录的1000万马克，外加两队在8月举办友谊赛时的门票收入。

卖掉自家头牌球员，怎么看都是一桩令人吃惊的交易，然而赫内斯深知时年28岁的鲁梅尼格所剩的最后价值，这是拜仁战胜经济危机的最后选择，也是最佳选择："考虑到转会收入，我们应该拿轿子把他抬去意大利。"对此，鲁梅尼格多年后也渐渐理解了赫内斯的良苦用心："正是国际米兰在1984年掏出1000万马克，将当时财政窘迫的拜仁拽出了泥潭，然后才有了拜仁的今天。"

　　最终，拜仁虽然在1983—1984赛季依然位居联赛第4名，但是通过鲁梅尼格的转会进账了1000多万马克，在还清债务后甚至还有400万马克结余。每当回忆这段往事，赫内斯总是备感骄傲，因为这笔交易让拜仁在财务泥潭中成功脱身，此后再也没有面临债务危机，甚至成长为当今足坛财政状况最雄厚也最健康的俱乐部之一。

　　至于当时剩余的400万马克，赫内斯当然没让这笔钱闲着，随即自门兴引进了新一代的领袖球员洛塔尔·马特乌斯！

　　1961年3月出生于巴伐利亚州小城埃尔朗根的马特乌斯出身贫寒却生性好强、

越挫越勇。即便年少时试训拜仁受阻，他依然一边在家具厂当学徒挣钱一边踢球磨炼技术，直至1979年得到了门兴的召唤，而如此慧眼识珠的正是时任门兴主教练海因克斯。是的，此时的海因克斯刚刚退役，在为拉特克短暂担任助手后便接过了门兴教鞭。

在海因克斯麾下，马特乌斯的潜质和才华得到彻底释放，首个赛季便完成6粒进球并随队打进联盟杯决赛，甚至入选国家队参加了1980年欧洲杯。此后的马特乌斯虽有挫折，但是持续的进步确实有目共睹，甚至得到了儿时偶像贝肯鲍尔的器重和栽培。

转披拜仁战袍后，马特乌斯迅速成长为球队核心，首个赛季便在联赛中出场33次，贡献了16粒进球，并带领拜仁时隔四年再度赢得德甲桂冠。1985年夏天，拜仁又签下了一位马特乌斯的中场搭档，他的名字叫"汉斯·弗里克"！对，就是后文重点介绍的拜仁"六冠王"主帅。

在拥有弗里克作为搭档后，马特乌斯在第二个赛季更是带领拜仁加冕"双冠王"，进而以核心地位带领联邦德国队出征1986年世界杯。1/8决赛，马特乌斯以任意球破门而助队晋级，此后又在1/4决赛对阵墨西哥队时在点球大战稳稳罚中，直至决赛才以2∶3不敌拥有马拉多纳的阿根廷队。纵然如此，在那个马拉多纳统治足坛的20世纪80年代，唯独马特乌斯被视为可与之对决的顶级球星。

就在这届世界杯过后，马特乌斯又迎来了新队友——左路悍将布雷默。再加之1976年就在拜仁出道，此时已经成长为队长的中卫奥根塔勒，拜仁一度拥有了属于自己的"三驾马车"。1986—1987赛季，拜仁不仅再度卫冕德甲，甚至连续大胜安德莱赫特队、皇马后再度闯入了欧冠决赛。

可惜，现实又一次是残酷的！面对葡萄牙劲旅波尔图队，高开低走的拜仁虽在上半场先拔头筹，此后却连续错失扩大比分的良机。直至下半场，当变阵的对手展开反攻时，遭遇奥根塔勒停赛的拜仁防线扛不住了，最终惨遭对手逆转，5年来又一次倒在了欧冠决赛的赛场。

München

第四部分 闹剧 1987—1998

场外故事不断，绿茵好莱坞成焦点

第一章

更新换代

在遗憾输掉1987年欧冠决赛后，刚刚成型的崭新拜仁再度面临重组的危机。其中，功勋主帅拉特克就此退休，而接替他的正是曾在门兴担任其助手并接班的海因克斯。来到拜仁后，海因克斯不仅和马特乌斯短暂地再续前缘，还执教了弗里克长达三年——这段师生情，无疑对拜仁的未来产生了不可思议的重要影响。

不过在接手拜仁之前，海因克斯在门兴的执教履历虽然特点鲜明，但是战绩有限，特别是无冠的尴尬让外界不乏质疑之声。接手拜仁的首个赛季，海因克斯带领拜仁在34轮联赛中拿下22场胜利，却不想雷哈格尔执教的不莱梅更为稳定和强势，提前三轮便"终结了拜仁的统治"。同时，拜仁还在欧冠赛场被老对手皇马淘汰出局。

如此战绩，导致人员动荡成为拜仁在赛季结束后的新挑战——马特乌斯和布雷默沿着前辈鲁梅尼格的步伐加盟了国际米兰，此后与克林斯曼组成了举世闻名的德国"三驾马车"；门将普法夫和攻击手小鲁梅尼格也同时离队。对此，拜仁选择签下年轻的国脚托恩、罗伊特等人作为补充。

年轻化为拜仁带来了新的气息，更重要的是，海因克斯麾下的拜仁在第二个赛季终于渐入佳境。1988—1989赛季，拜仁在联赛前5轮以4胜1平开局后便牢牢占据积分榜榜首，直至提前两轮夺冠；在欧联杯赛场，拜仁还在主场0∶2落后的局面下于第二回合客场3∶1击败国际米兰而成功翻盘，直至半决赛不敌马拉多纳领衔的那不勒斯足球俱乐部（简称：那不勒斯）。

进入1989—1990赛季，拜仁继续在德甲赛场延续超强战力，最终力压科隆足球俱乐部（简称：科隆）等竞争对手再度提前夺冠。不仅如此，再度征战欧冠赛场的拜仁同样强势，连战连捷杀入四强，并在半决赛遇到了来自"小世界杯"意甲联赛的王牌球队AC米兰足球俱乐部（简称：AC米兰）。

时年拥有"荷兰三剑客"的AC米兰不仅在意甲，甚至在整个欧洲足坛都是高不可攀的对象，甚至后来被《足球世界》评选为"历史最佳俱乐部"。鉴于拜仁来自竞争力、影响力明显偏弱的德甲联赛，自然是赛前不被看好的"鱼腩"，似乎在萨基执教的AC米兰面前不堪一击。

首回合在圣西罗球场，客场作战的拜仁选择主动退守、全力对抗，居然让强大的AC米兰在场上一筹莫展。直至比赛第77分钟，博格诺沃通过禁区内一个颇似跳水动作的假摔，才在人声鼎沸的球场内骗过了当值主裁的眼睛。随即，拜仁门将奥曼虽然扑对了方向，却只能看着范·巴斯滕主罚的点球在他的右手边滑进了球门。

一周后，AC米兰带着1∶0的领先比分来到了慕尼黑，似乎决赛已经提前向"红黑军团"招手。第二回合比赛，AC米兰展现出老练的一面，在稳住防守的基础上渐渐掌控比赛主动，并在蒙蒙细雨中开始寻求机会。来到下半场，AC米兰在进攻端展现威胁，好在拜仁门将奥曼持续神勇，先后扑出了范·巴斯滕的吊射以及马萨罗的单刀球。

战至比赛第58分钟，首次晋升拜仁一线队的小将施特伦茨站了出来，在前场摆脱马尔蒂尼的拦截后，绕过AC米兰门将加利打空门得手，为拜仁扳平比分。此后，双方进入了加时赛，可惜博格诺沃又一次成为争议的焦点，他在加时赛第4分钟的越位嫌疑进球被当值主裁视为有效，这让拜仁彻底陷入困境。

不过，海因克斯的球队并没有放弃，而是向AC米兰发起了总攻。加时赛下半场伊始，拜仁左路配合后送出传中，苏格兰球员麦金纳利跟进打门得手，帮助拜仁追平总比分。可惜的是，欧足联自1965年便开始沿用的客场进球规则（2021年取消），让拜仁最终不得不抱憾出局。纵然如此，这支拼至最后的拜仁赢得了无数尊重，这场半决赛更是被后人称赞为"血色之春"！

不知这样一场振奋人心的比赛，是不是极大提升了拜仁乃至德国球员的士气和信心？当联邦德国队在1990年来到意大利之夏的世界杯赛场，已经成为最强势的争冠力量。其中，拜仁队内的奥根塔勒、普夫鲁格尔、科勒、罗伊特和托恩等5名球员入选了联邦德国队最终的22人大名单，而这支球队的领航者当然是主教练贝肯鲍尔和队长马特乌斯。

小组赛，联邦德国队先是4∶1击溃南斯拉夫队，马特乌斯独中两元；然后5∶1大胜阿联酋队，1∶1战平哥伦比亚队顺利出线。首轮淘汰赛，联邦德国队便遇到了两年前曾在欧洲杯半决赛淘汰自己的老对手荷兰队。

这一次，联邦德国队抓住了机会，在沃勒尔和里杰卡尔德同时染红后，克林斯曼和布雷默的进球力助联邦德国队2∶1击败荷兰队后晋级8强。1/4决赛，联邦德国队又凭借马特乌斯罚中的点球小胜捷克斯洛伐克队，就此和另一位老对手英格兰队在半决赛再度相遇。于是，意大利之夏最为经典的历史对决打响了。

很意外的是，英格兰队在这场强强对决中疯狂抢占开局。开场仅45秒，加斯科因的劲射险些创造该届世界杯最快进球，随后英格兰队又在1分钟内三获角球，联邦德国队则遭遇了沃勒尔的意外伤退。好在顶住对手的三板斧后，联邦德国队迅速稳住阵脚。下半场第59分钟，布雷默借助任意球机会打破僵局；第80分钟，莱因克尔的进球为英格兰队扳平了比分。

进入加时赛，两队球员依然不知"力不从心"为何物，对攻积极、高潮迭起，各有一次机会命中对方门柱。最终，比赛被拖入了残酷的点球大战——前三轮，双方出场的球员均无失手，然而英格兰队第四轮出场的皮尔斯的射门被联邦德国队门将伊尔格纳扑出。在里德尔完成进球后，

重压下出场的瓦德尔放了高射炮。

就这样，联邦德国队通过点球大战淘汰了英格兰队，并最终在决赛击败阿根廷队后捧起了世界杯冠军奖杯，而莱因克尔则留下了那句广为流传的名言："足球就是双方各派11人，120分钟后以德国人的胜利来结束的游戏。"

这届世界杯，还诞生了一项伟大纪录，那就是贝肯鲍尔成为历史上首位先后以队长和主教练不同身份捧起世界杯冠军奖杯的传奇。"贝皇"素有中国情结，达到顶峰后，他引用老子的一句话——"功成身退，天之道也"，自此选择隐退。此后，贝肯鲍尔在婉拒阿维兰热推荐竞选国际足联主席的好意后，回到拜仁慕尼黑出任俱乐部主席。

不过，贝肯鲍尔的执教生涯，却因为这支母队而尚未结束。

第二章

最大错误

或许受到"世界杯后遗症"的影响，拜仁在1990—1991赛季最终位居凯泽斯劳滕之后而收获亚军，而球队此时的财政情况依然难言乐观。毕竟在"小世界杯"意甲不断吸引资源的大环境下，德甲球队的生存发展环境可谓差距明显。

在这样的年代，赫内斯继续展现转会大师的才能。1991年夏天，科勒与罗伊特两名主力在意甲的吸引力面前加盟了尤文图斯足球俱乐部（简称：尤文图斯），为拜仁留下了一笔不菲的转会收入，仅科勒的转会费就达1500万马克。同时，老队长奥根塔勒选择退役，并在此后六年担任助教辅佐了多位主帅，直至1997年离队并留下了"拜仁对我来说就是一切"的肺腑之言。

多名主力球员的离队，加之新任队长、门将奥曼和丹麦名将小劳德鲁普相继遭遇十字韧带撕裂而赛季报销，人员方面捉襟见肘的拜仁在1991—1992赛季变得举步维艰。毕竟，这般支离破碎的球队想要取得成功，简直就是痴人说梦，由此让主教练海因克斯背上了极大压力。

该赛季德国杯第二轮，拜仁便爆出大冷门被弱旅洪堡队所淘汰，在德甲赛场又在主场1：4惨败于降级球队斯图加特踢球者队——看上去，海因克斯似乎招架不住了。"赫内斯和我在泰根湖边一起吃饭，又打了羊头牌，然后我们谈了两分钟，做出了终止合同的决定。我们还喝了杯酒，那是个不错的夜晚。"多年后，海因克斯回忆了1991年10月8日所发生的故事。

不过在赫内斯看来，此次解雇海因克斯是他在拜仁经理生涯中所犯下的最大错误，并在后来多次公开表达悔意："如果有人说他从不犯错，那他一定是个傲慢的人。解雇海因克斯是凭借直觉所做出的决定，我知道这是一个错误，但是我没有足够力量去对抗这种反对的声音。"

可惜，当时的解雇决定已经做出，赫内斯甚至接着又犯了第二个错误，那就是聘请丹麦人勒尔比作为新任主帅。"我们后来请了索伦·勒尔比，他也是我最好的朋友之一。不过，就在第一次全队会议时，我就意识到这次签约是个错误。因为你可以和勒尔比谈论好几个小时的足球，但是他在20名球员面前却一句话也说不出来，这真是太有戏剧性了。"

回顾球员时代，勒尔比在丹麦足坛的地位丝毫不亚于劳德鲁普兄弟，并于1983—1986年在拜仁效力了三个赛季。1985年11月13日，勒尔比还曾有过下午在都柏林出战丹麦队对阵爱尔兰队的世预赛，晚上赶回德国出战德国杯拜仁对阵波鸿队的疯狂经历（1987年11月，租借至拜仁的威尔士球星休斯也曾有同一天参加欧洲杯预选赛威尔士队客战捷克斯洛伐克队，以及德国杯拜仁对战门兴的经历）。

不过对于接过拜仁帅位的勒尔比而言，他不仅毫无执教经验，更是过于年轻了——此时的勒尔比仅有33岁零8个月，比后来接过拜仁教鞭的德国少帅纳格尔斯曼还要年轻1个月！不难理解，拜仁在勒尔比麾卜彻底走向崩盘，联盟杯第二轮2∶6惨败于"鱼腩球队"哥本哈根队便是最直接的体现。

带领拜仁踢了17场比赛，场均得分仅有1.18分，勒尔比的短暂执教经历在1992年3月11日便结束了，这也是他迄今的唯一执教经历。

接下来，曾执教法兰克福、凯泽斯劳滕、多特蒙德和勒沃库森足球俱乐部（简称：勒沃库森）等的本土教练里贝克接过了拜仁教鞭。不过除了1988年曾带领勒沃库森拿下联盟杯冠军，里贝克的执教履历难言优秀。当然，这自然无法改变拜仁在

该赛季仅排名联赛第10位，且12年来首次无缘欧战的惨痛结果。

1992年夏天，痛定思痛的拜仁针对球队阵容进行了大刀阔斧的改革。劳德鲁普和埃芬博格两名中场大将以1700万马克的转会价格加盟意甲球队佛罗伦萨足球俱乐部（简称：佛罗伦萨），但是带着"金球奖""世界足球先生"等荣誉归来的马特乌斯无疑为球队增添了绝对的强心剂。同时，巴西国脚尤尔津霍的到来无疑提升了球队的整体实力。

只是回忆到这个时间点，最重要的引援莫过于一名自卡尔斯鲁厄队来到球队的23岁天才小将——他就是梅尔穆特·绍尔。此时的拜仁，此时的球迷，乃至此时的绍尔，或许谁也想不到这位有着"德国布拉德·皮特"之称的大师级球员，在此后的15年间陪伴拜仁每一个日出到日落，由此成为公认的"拜仁之子"。

不过，巨星的回归和天才的加盟并没有为拜仁带来迅速的成功。1992—1993赛季，拜仁再次以1分的劣势不敌雷哈格尔执教的不莱梅。纵观这个赛季，拜仁哪怕在大部分时间领跑积分榜，却因被不莱梅双杀而为失冠埋下了隐患。第33轮战罢，不莱梅以净胜球优势领先拜仁，拜仁又因赛季收官战和沙尔克04打成3∶3平局而只能眼睁睁看着在另一个场地取得大胜的不莱梅夺魁。

显然，里贝克也非拜仁值得信任的主帅，拜仁高层对他的忍耐仅持续了一年半。1993—1994赛季冬歇期，拜仁排名联赛第二的成绩依然极不稳定，于是里贝克就此"下课"。新年到来后，由谁在此时挽救球队成为高层的首要难题，所幸一个再好不过的选择随即摆在了拜仁高层的面前——贝肯鲍尔！

如前文所述，贝肯鲍尔于1990年世界杯后选择急流勇退，此后曾在法甲球队马赛队短暂工作，并在那里见证了一支法国新贵的欧冠捧杯。不过，贿赂事件的曝光让这支1993年欧冠冠军球队迅速瓦解，而重返德国的"足球皇帝"面对母队的召唤，果断在1994年1月初接过了拜仁的教鞭。

外界想不到，贝肯鲍尔执教拜仁的首秀却以1：3不敌斯图加特，此后0：4输给凯泽斯劳滕足球俱乐部（简称：凯泽斯劳滕）的比赛更让外界为这名传奇捏了一把汗，生怕"足球皇帝"的一世英名最终砸在这支不争气的母队上。

好在事实证明，外界有些多虑了，毕竟贝肯鲍尔的执教才华和十足魅力还可以征服这支拜仁。拜仁的表现看似磕磕绊绊，却及时回到了正轨。有趣的是，拜仁在第32轮联赛却遭遇了意外事件。

在这场对阵纽伦堡的比赛中，拜仁中卫海尔默的头球攻门被纽伦堡门将科普克在门线上扑出，但是当值主裁依然坚持判罚进球有效，最终这场比赛则以拜仁2：1取胜而结束。赛后，德国足协发现这个"幽灵进球"非常蹊跷，进而宣布该场比赛结果无效，安排两队择日重赛。好在拜仁在十天后的补赛中以5：0大胜并最终夺冠，这让贝肯鲍尔的短暂执教生涯画上了一个圆满的句号！

赛季结束后，"足球皇帝"再度急流勇退，拜仁则需另寻高就。最初，受"外来和尚会念经"影响的高层看上了时任摩纳哥队主帅温格，但是对方并没有在合同期内放人的打算——尽管摩纳哥队在五个月后就与温格解约，但是有缘无分的事实决定拜仁与这位法国主帅就此失之交臂。

接下来，在休赛期询问新任队长马特乌斯的意见后，拜仁高层最终选择了他在国际米兰时的恩师，有着"冠军教练"美誉却完全不会说德语的意大利教练——乔瓦尼·特拉帕托尼。

第三章

实现满贯

1994年夏天，德国队在美国世界杯卫冕失败，而拜仁则在特拉帕托尼接过教鞭的同时，开启了人员补强。其中，曾赢得"欧洲足球先生"荣誉的法国前锋帕潘自AC米兰加盟，年轻后卫巴贝尔自汉堡回归，而25岁的德国国家队门将卡恩也随前队友绍尔的脚步来到了慕尼黑，250万欧元的转会费创造了当时德甲历史上的最高纪录。

卡恩出身于足球世家，儿时曾是一名前锋，直至祖父送给他一件绣着迈耶签名的守门员球衣作为礼物，卡恩自此改为门将位置。来到拜仁后，卡恩有幸在偶像迈耶的指导下继续成长，不仅迅速成为球队主力门将，还在1994年底首次被评为"德国最佳门将"。"加盟拜仁并不意味着我实现了个人目标。对我来说，从卡尔斯鲁厄队转到拜仁只是一切的开始。"卡恩说。

虽然卡恩表达了凌云之志，但是拜仁的整体表现却未见提升。毫无疑问，语

言障碍成为新帅特拉帕托尼与俱乐部的最大鸿沟——在拜仁执教一个月后，这位意大利教练只不过刚刚会用德语从1数到10而已。

与此同时，特拉帕托尼却急于把整个意大利足球理念带到德国、带进拜仁，例如他对训练体系进行了彻底革命，包括设置高强度训练、大量封闭课程，取消此前的开放日等做法，均与球队的过往习惯形成了直接矛盾，导致队内球员极不适应。

这样的混乱局面，自然导致特拉帕托尼渐渐失去对球队的整体控制，而媒体的质疑声更是把他推上了舆论的风口浪尖。可想而知的是，拜仁的战绩简直一落千丈。1994—1995赛季，拜仁在9月至11月中旬的两个多月时间里居然在联赛中一场未胜，因此在赛季还未过半时便几乎提前告别了冠军争夺。

不仅如此，特拉帕托尼还在下半程拜仁对阵法兰克福队的联赛中闹出了一个天大笑话。这场比赛，拜仁本以5∶2战胜对手，但是特拉帕托尼在比赛第72分钟换上哈曼后，导致场上的业余队成员达到4人。根据规则，德甲球队每场比赛最多只允许使用3名非一线队成员，因此拜仁的违规行为导致比赛结果改判为法兰克福队2∶0获胜，就这样白白丢失了两分。

赛季结束，拜仁在积分榜仅列第6位，特拉帕托尼毫无悬念地离开了慕尼黑。这个赛季的冠军是哪支球队？多特蒙德！

自20世纪70年代被拜仁11∶1血洗后，跌入德国乙级联赛的多特蒙德便以"复仇拜仁"为目标。此后，历经4年德乙生涯的多特蒙德重返德甲，于是"红黄对决"开始在德甲赛场持续上演。

1989年，多特蒙德以4∶1击败不莱梅后勇夺德国杯，并再接再厉以3∶2击败拜仁而夺得超级杯，终于结束了23年的冠军真空期。此后，多特蒙德又抓住联邦德国队赢得1990年世界杯冠军的契机，先后从意甲签回了萨默尔、安德烈斯·穆勒、科勒、里德尔等才俊。最重要的是，此前在瑞士执教的名帅希斯菲尔德在1991年接过了多特蒙德的教鞭，带队创造了队史最为辉煌的黄金期。

正是在这个时期，多特蒙德对决拜仁的比赛开始成为德国足坛的最强对决，而"德国国家德比"的概念就此叫响。

当然，眼看着多特蒙德在希斯菲尔德麾下日益强盛，拜仁高层也深知优质主帅对球队的重要性。对此需要指出的是，1994年底贝肯鲍尔在赫内斯的邀请下接替弗里茨·舍勒出任拜仁俱乐部新任主席，再加之另一位退役后回归拜仁管理层的鲁梅尼格，拜仁自此进入了强势的"三巨头"时代。

对此，在聘请他国教练遭遇当头一棒后，"三巨头"于1995年夏天把目光又对准了另一位在德甲风生水起的本土教练奥托·雷哈格尔。

雷哈格尔的球员时代并无亮点，退役后于1972年开启执教之旅，曾在1976年短暂执教过不莱梅。1981年，雷哈格尔再度回到不莱梅，在此执教长达14个赛季，在此期间带队夺得2次德甲冠军、4次德甲亚军，在打造"不莱梅王朝"的同时收获了"奥托大帝"的美誉。

不仅如此，就在雷哈格尔上任之时，拜仁还凭借渐渐提升的经济实力连续补强，"金色轰炸机"克林斯曼、瑞士天才中场斯福扎、不莱梅旧将赫尔佐格先后穿上拜仁战袍，再加之自斯图加特签回的旧将施特伦茨，以及帕潘、科斯塔迪诺夫等名将和不断成长的绍尔、齐格、巴贝尔、哈曼、齐克勒等才俊，拜仁搭建起仅次于20世纪70年代的又一支"梦之队"。

不难看出，高层此时对雷哈格尔麾下的拜仁充满期待，然而接下来的现实却是格外残酷。1995—1996赛季，拜仁创造7连胜开局后便彻底陷入了低谷，根本无法发挥出应有的最强战力，而各方面的矛盾点则渐渐集中在主教练雷哈格尔身上。

诚如"奥托大帝"的称谓，长年在不莱梅执教无疑造就了雷哈格尔的狂傲个性和至上地位——这种执教风格决定了雷哈格尔具有强烈的统治欲，但凡有他的地方只有他说了算。然而来到拜仁，"三巨头"怎能容忍雷哈格尔凌驾于自己之上？

如今回头看，对于执教生涯充满神奇的雷哈格尔而言，似乎更适合带领中小球队创造奇迹，而豪门球队对他而言反而极为不搭。外界很快就发现，执起拜仁教鞭的雷哈格尔战术乏善可陈，训练方法陈旧腐朽，在球队陷入困境后始终找不到解决方案，进而导致这支拜仁始终存在于媒体铺天盖地的批评声中。

不仅如此，雷哈格尔特立独行的执教风格以及火暴的脾气导致他根本不听任何劝导，不仅和媒体关系极度紧张，和拜仁高层的关系也是急转直下。直至1995—1996赛季还剩四周的时候，哪怕拜仁已经进入联盟杯四强且半决赛首回合2∶2战平巴塞罗那足球俱乐部（简称：巴萨），但是眼看被多特蒙德压在身下的拜仁在联赛夺冠无望，拜仁高层还是决定提前终止了雷哈格尔的合同。

贝肯鲍尔此后承认，签约雷哈格尔是他最错误的决定。只是在这个局面下，当务之急当然是自己亲自出山"救火"，由此他成为拜仁20世纪90年代的第7任主教练。"贝皇"不仅带领拜仁保住联赛亚军的位置，更是在客场淘汰巴萨后在欧联杯决赛两回合5∶1把波尔多队打得毫无脾气，由此完成了欧洲冠军杯、优胜者杯、联盟杯的"大满贯"！

一位德高望重的冠军主帅绝对是这支拜仁的必需品，但俱乐部高层最终在1996年夏天居然又把特拉帕托尼从意甲请了回来。

不得不说，拜仁在1996—1997赛季确实运气不错。多特蒙德由于分身于欧冠赛场而在联赛争冠行列中渐渐掉队，另一支争冠队勒沃库森则在关键时刻掉链子，这让拜仁在欧联杯早早出局的情况下于联赛高歌猛进，特别是主场连战连捷，时隔三年后终于从多特蒙德手中抢回了德甲冠军。

不过，拜仁在这个赛季的成绩依然无法和多特蒙德相提并论，因为"大黄蜂"在1997年欧冠决赛凭借里德尔的梅开二度以及小将里肯的进球，以3∶1击败了拥有德尚、齐达内、维埃里和皮耶罗的尤文图斯，首次登上了欧洲之巅。不仅如此，就连多特蒙德的同城死敌沙尔克04也在该赛季赢得了联盟杯冠军，这让鲁尔区一度成为世界足坛的焦点。

至于拜仁呢？暂不提赛场的表现乏善可陈，单凭持续的"绿茵好莱坞"式场外闹剧便吸引了无数的关注。

第四章

闹剧不断

由于拜仁在这些年频繁更换教练，队内的管理和纪律问题早已被无限放大。

例如600万马克加盟拜仁的绍尔年少轻狂，来到拜仁第一天就兴冲冲地对着队友问："嗨，你的年薪是多少？有我高吗？"再加之此后流连酒吧的行为频频上报，这让赫内斯不得不将绍尔叫进办公室质问："你想成为出色的球星还是小报中的明星？"

再看1996年4月，在拜仁客场对阵斯图加特的比赛中，卡恩也成功抢占了报纸头条——在这场拜仁全场陷入被动的比赛中，卡恩竟因为队友防守不力而愤怒地掐住了队友赫尔佐格的脖子，由此主动"申请"了一张黄牌。

这个争议行为导致赫尔佐格赛季后离队，但是作为交换而来的"野兽"巴斯勒更是桀骜不驯、恃才傲物的典型代表，骂队友、吸烟、酗酒、赌博、嘲讽媒体等行为使他成为"万人公敌"，以至于拜仁

高层安排侦探时刻跟踪这位"超级马里奥"，以防他在外惹是生非。

其实，拜仁队内真正矛盾的爆发是在1995—1996赛季的低谷时期。由于马特乌斯一度受伤停赛，绍尔、斯福扎、赫尔佐格等三名中场球员为了争夺核心地位而彻底反目（斯福扎、赫尔佐格赛季后离队），球队在威斯特法伦被多特蒙德3∶0痛击后矛盾大爆发，"好莱坞俱乐部"的绰号就此诞生了。

就在这个时期，克林斯曼抓住机会提升了自己在国家队的地位。当马特乌斯伤愈复出后，不仅发现自己的国家队队长袖标已经戴在了克林斯曼胳膊上，甚至失去了参加1996年欧洲杯的机会。对此，恼怒的马特乌斯诅咒"金色轰炸机"将在1997年折翼，甚至和霍内斯打赌克林斯曼在接下来的赛季不会完成15粒进球，赌注则为1万马克。

结果，克林斯曼在1996—1997赛季恰好完成了15粒联赛进球。不仅如此，随后媒体曝光了此次打赌行为，这让马特乌斯不但输了钱，而且颜面尽失、引发众怒。克林斯曼对此回击："有很多种方式可以花掉这笔钱，可比打赌队友不进球要好得多。这是一种不道德的行为，怎能为了反对自己的队友而用打赌去侮辱他？"

　　这般闹剧过后，马特乌斯在1997年又失去了拜仁的队长袖标，在队内极具威望的老将海尔默接任（海尔默曾在赛后的大巴车上发表演讲，而首先感谢的就是大巴司机）。同时，克林斯曼也自此结束了两年的短暂拜仁生涯——其实，哪怕没有马特乌斯的打赌事件，克林斯曼也很难继续留下了。

　　自加盟拜仁以来，克林斯曼便因理念等问题和俱乐部渐行渐远，例如他曾提出的引援计划遭到贝肯鲍尔的否定，在战术层面则对昔日恩师特拉帕托尼极为不满。1997年5月10日，榜首的拜仁在主场迎战"副班长"弗赖堡队。这本是一场毫无悬念的比赛，然而破釜沉舟的弗赖堡队凭借出色的防守让拜仁迟迟打不破僵局。

　　比赛第80分钟，特拉帕托尼选择用业余队前锋拉基斯换下克林斯曼，这让克林斯曼感到被羞辱，彻底怒了。他不仅在下场时冲着特拉帕托尼大声怒吼，甚至一脚将场外的广告牌踢了个大洞，由此成就了德甲历史上的经典一幕。

　　赛后新闻发布会，特拉帕托尼愤然进行了回击："我当教练20多年了，以前就算普拉蒂尼这样的球星也是想换就换！克林斯曼？他算老几？"虽然克林斯曼此后

向教练表示了歉意，但是赛季末他的离队自此成了必然。

对此，拜仁选择了时年斯图加特"三驾马车"之一的吉奥瓦尼·埃尔伯作为"轰炸机"的接班人，却不料这位巴西前锋在1997—1998赛季代表拜仁出战的首轮德甲联赛，便遭遇了一番羞辱，而此时的主角正是此前被拜仁扫地出门的雷哈格尔。

1996年，在被拜仁解雇仅83天后，雷哈格尔便接手了跌至德乙的凯泽斯劳滕，随即便带领球队重返德甲。作为升班马，高层对球队的要求仅是保级而已，但是雷哈格尔显然志不在此，他憋着一口气要重新证明自己，也要证明拜仁解雇自己是无比错误的选择。

很快，雷哈格尔便完成了第一步！回到德甲的赛季首轮，拜仁前球员斯福扎助攻，施永博格进球，凯泽斯劳滕在客场1∶0击败拜仁。终场哨响，雷哈格尔罕见地冲入场内，向着观众奔跑着，疯狂地庆祝胜利，那些压抑在内心的屈辱在此时终于得到了宣泄。

这并非全部，此后的凯泽斯劳滕越战越勇，居然牢牢占据了德甲积分榜榜首。至于拜仁，持续的内斗和糟糕的表现已经成为常态，在1998年3月对阵沙尔克04时又出现了绍尔和巴斯勒在大巴车上拒绝下车的闹剧，而拜仁自然在该场比赛遭遇失利。

第二周，特拉帕托尼在媒体室发表了一场糟糕至极的演讲，那糟糕的德语随着怒火而语无伦次。"教练不是白痴，教练能看见球场上发生了什么。这场比赛有2名、3名或4名球员弱不禁风得就像空瓶子！"这句评价顿时成为德国流行语，某食品公司甚至请特拉帕托尼做广告，结束语正是"空瓶子"。

那场演讲，以特拉帕托尼的一句"我完蛋了"而告终。其实他的本意是想说"我讲完了"，但是如同这句口误，失去对更衣室控制的特拉帕托尼就此完蛋了，拜仁的这个赛季也就此完蛋了。来到赛季倒数第二轮，欧冠1/4决赛被多特蒙德淘汰的拜仁，又在关键战被杜伊斯堡队0∶0逼平，眼睁睁看着4∶0完胜沃尔夫斯堡足球俱乐部（简称：沃尔夫斯堡）的凯泽斯劳滕提前一轮夺冠。

怀抱沙拉盘（德甲冠军奖盘）喜极而泣的雷哈格尔说道："这个不可思议的神话终于在今天实现了！"后来，他又在2004年带队在欧洲杯赛场上演了"希腊神话"……

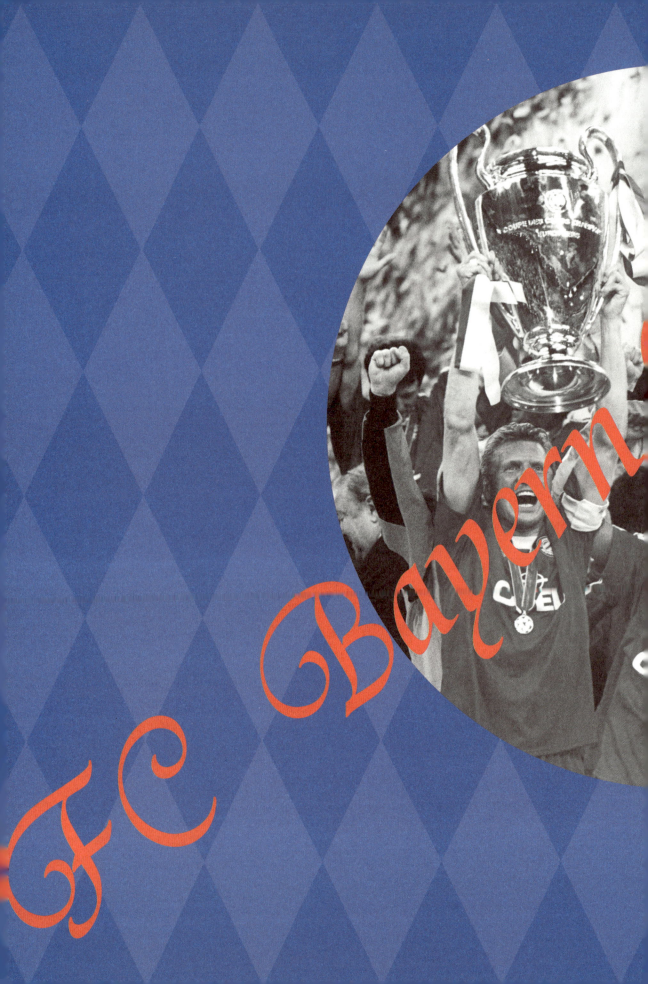

FC Bayern

第五部分 复仇 1998—2004

挥别黑色时刻，连克仇敌再夺欧冠

第一章
黑色时刻

克林斯曼离开拜仁时，曾留下这样一句话："拜仁缺少一位巴拉科夫！"

巴拉科夫？斯图加特"三驾马车"时的中场核心，真正的10号球员。克林斯曼的分析，精准点出了拜仁在20世纪90年代的赛场问题：阵容缺少核心，进攻缺少组织。直至1998年的夏天，拜仁终于找回了属于自己的"巴拉科夫"——斯特凡·埃芬博格。

这一年，埃芬博格已经30岁了。这名出道于门兴格拉德巴赫的中场帅才成名已久，早在1990至1992年曾在拜仁短暂效力，无奈遭遇球队连续换帅的低谷后远赴意甲佛罗伦萨，并随德国国家队征战了1994年世界杯。

相比卡恩的"狮子"绰号，埃芬博格被称为"老虎"，而他的火暴脾气较之卡恩可谓有过之而无不及。正是1994年在美国举办的世界杯，埃芬博格那我行我素的个性终于惹下麻烦（他的自传名为《我行我诉》）。在小组赛3∶2战胜韩国队的比赛中，埃芬博格极不冷静地向球迷做出了竖中指的挑衅动作，由此被国家队迅速开除。

待到赛事结束，惨遭唾弃的埃芬博格不得不离开意甲并回到母队门兴。此时的门兴，早已失去昔日锋芒并沦为保级队，埃芬博格在此几乎荒废了职业生涯最重要的四年光阴。好在浪子回头金不换，重回拜仁的埃芬博格虽然场外事件依然极具争议，但是场上表现却已趋向成熟，尤其是他的攻防兼备和铁血意志终于让拜仁拥有了值得信任的核心。

其实谈起埃芬博格的回归，幕后功臣更是不能忽视——同样是在1998年夏天，拜仁终于迎来了期待已久的最佳主帅希斯菲尔德，而国内死敌多特蒙德送出的"间接助攻"无疑颇具戏剧性。

话说希斯菲尔德自带领多特蒙德赢得1997年欧冠冠军后，主动退位进入俱乐部管理层，而"大黄蜂"则在意大利新帅斯卡拉麾下开始由盛转衰。与此同时，拜仁高层眼看时任主帅特拉帕托尼"再待在慕尼黑就会死"，主动向希斯菲尔德发出了诚挚邀请，于是双方在1997—1998赛季尚未结束时便已达成了一致。

对于接手拜仁，希斯菲尔德提出的首个要求便是签回埃芬博格："埃芬博格能驾驭这支球队，而这支球队也依赖他。他不仅对队友有着充分的了解，浑身上下也无时无刻不散发出一种自信的光芒。别人都躲起来的地方，就是埃芬博格展示自己的舞台。"

诚如希斯菲尔德的评价，埃芬博格的回归无疑让拜仁找到了真正的冠军拼图。脚下功夫精湛、具备广阔视野，埃芬博格不仅可以利用长传技术撕破对方防线，还能通过流畅的短传配合带动全队进攻。看上去，埃芬博格的速度并不快，但是对方就是无法抢下他的脚下球。更为重要的是，埃芬博格天生拥有一股强烈的领袖气质，在中场指挥若定，霸气十足。

在签下埃芬博格之外，拜仁还在其他多个位置及时补强。德国国脚杰里梅斯自同城死敌慕尼黑1860加盟，有效增加了球队中场硬度；来自汉堡的边路好手萨利哈米季奇以自由身加盟，后来成长为"天使之翼"；29岁的中卫托马斯·林克自沙尔克04来投，自此开启职业生涯的巅峰。此外，拜仁还签下了中国球迷熟悉的伊朗中锋阿里·代伊。

面对麾下精兵强将，希斯菲尔德在设计合理战术和稳健体系之外，还凭借独特的执教魅力和威望有效解决了困扰球队已久的更衣室问题："认为职业球员会自然有一套职业行事方式的想法是乌托邦，是每个教练希望的理想状况，然而实际并不存在。在一支队伍中，25个性格不同的人在一起，并非每个球员一开始就能领会教练的意图。"

同时，深谙教育章法和心理学的希斯菲尔德还做到了纪律严明、奖罚分明乃至有的放矢。例如面对头号刺头巴斯勒："要是巴斯勒赌气，我能接受，因为巴斯勒就是巴斯勒，与别人不一样。尽管他有时爱挑衅，但他是非常诚实的人。对他我不花力气，他是艺术家，他应保留自己的风格。他在队内与其他队员一样，享有同样的义务与权利。要是他越轨，我会同样对他进行处罚。"

对于不乏天才和球星的拜仁而言，最为欠缺的正是希斯菲尔德的这般严格管理、凝聚斗志。于是，自这位传奇主帅入队伊始，重回正轨的拜仁便开始展现与过往完全不同的团队面貌，而受益最大的莫过于此前那些远未达到最佳状态的球员，郁郁不得志后终于在希斯菲尔德麾下迎来爆发。

其中，加盟拜仁首个赛季只能用中规中矩形容的埃尔伯开始步入顶级前锋的行列。在希斯菲尔德执教球队的首场联赛，正是埃尔伯的制胜进球帮助球队客场战胜沃尔夫斯堡赢得开门红。再如经过1998年世界杯洗礼的利扎拉祖，同样在这场比赛替补登场后表现完美，在加盟拜仁的第二个赛季终于牢牢锁定了主力左后卫的位置。此外，就连38岁的马特乌斯也是越老越妖。

不过此时最为震撼的，当数开始"封神"的门将卡恩。1998—1999赛季，卡恩在联赛中创造了连续737分钟不失球的德甲新纪录，而拜仁在联赛6连胜开局后便牢牢占据积分榜榜首，此间还曾在主场4：0完胜凯泽斯劳滕完成复仇，赛季末以破纪录的78分（3分制）再夺德甲桂冠。

在欧冠赛场，拜仁的运气看似不佳，不仅和曼彻斯特联队（简称：曼联）、巴萨两支豪门球队分在同一小组，甚至在小组赛首轮便1：2不敌"鱼腩球队"布隆德比队，次轮又是最后时刻才勉强绝平曼联。不过面对困境，拜仁双杀了拥有里瓦尔多、菲戈的巴萨，在最后一轮战平曼联后以小组头名成功出线。

进入淘汰赛，拜仁先是两回合6：0给予凯泽斯劳滕又一次痛击，然后在半决赛4：3淘汰了舍甫琴科领衔的黑马球队基辅迪纳摩队，最后和小组赛的老对手曼联携手闯入了在西班牙诺坎普球场举办的决赛。

不过，此时的拜仁较之小组赛时遭遇了无法承受的致命打击，那就是头号射手埃尔伯在1999年2月对阵汉堡的联赛中被对方门将撞伤膝盖，由此导致赛季提前报销。此外，后防大将利扎拉祖也无缘这场决赛。

面对诸多不利因素，拜仁在开场6分钟便由巴斯勒通过前场任意球打破了比赛僵局，埃芬博格和马特乌斯的积极表现更是帮助拜仁彻底掌控中场，可惜绍尔和扬克尔在下半场的射门连续击中门柱，就是无法帮助拜仁锁定胜局。以上种种，似乎预示着这场比赛的胜利注定不会属于拜仁……

至于后来发生的事情，显然是拜仁球迷毕生不愿回忆的场景。下半场补时阶段，拜仁在距离冠军咫尺之遥遭遇了"黑色三分钟"，就此成为曼联"三冠王"的背景板。埃芬博格的仰天长叹、马特乌斯的目光停滞、库福尔的不断捶地，甚至就连该年连续当选德国最佳门将、欧洲最佳门将、欧足联俱乐部最佳门将、IFFHS（International Federation of Football History and Statistics，国际足球历史和统计联合会）世界最佳门将的卡恩也无法理解眼前的一切，难以置信地在场上跪了下来。

这场失利对拜仁的打击不言而喻。回到国内后，拜仁又在德国杯决赛不敌不莱梅——"三冠王"美梦只换来两个亚军，自此留下了无尽的遗憾。

对了，当时有一个12岁的慕尼黑少年在电视机前看到拜仁输掉欧冠决赛后"哭得很厉害"。他的名字，叫尤利安·纳格尔斯曼。

第二章

持续前行

拜仁的伟大之处，就在于永不言弃的"MIA SAN MIA精神"！"当时的刺痛是如此之深，以至于后来两年我们都拼了命表现，直到赢得冠军。"诚如卡恩的坚定姿态，抹去诺坎普"黑色三分钟"的伤痛，拜仁再度踏上了征程。

1999—2000赛季，拜仁基本保留了上赛季的阵容框架。不过，球队队长却在此时发生了变化——长期受伤病困扰的老队长海尔默离队加盟柏林赫塔，来自降级队门兴的瑞典中卫帕特里克·安德森接过了他的战袍和位置。同时，埃芬博格则当之无愧地接过了队长袖标。此外，阿里·代伊也一并转至首都球队，而拜仁锋线不仅签下了来自罗马的巴西前锋塞尔吉奥，还迎来了一位充满阳光、充满活力的队史"颜值担当"——圣克鲁斯！

"我和鲁梅尼格以及对方俱乐部主席坐在客厅里，身边还有25个人。他们汗流满面，一直进进出出。我们的报价是1000

万欧元，但对方想要美元。直至我们在外面等待出租车准备离开时，他却将我们喊回去了。我们最终达成协议时，突然出现三四十名记者拿着照相机在拍照，这么混乱的场面真是难以置信。"若干年后，赫内斯依然记得当年签下圣克鲁斯的场景。

在诸多拜仁球迷心中，圣克鲁斯的帅气程度甚至远胜贝克汉姆。其实，如果说贝克汉姆就像一位炫酷的电影明星，那么圣克鲁斯则更像邻家哥哥。1999年夏天，圣克鲁斯自巴拉圭国内球队亚松森奥林匹亚队加盟拜仁时，年龄甚至尚不满18岁，以至于赛季初根据德甲联盟的年龄要求而不具备出场条件。

纵然如此，这位刚刚在1999年美洲杯赛通过3粒进球震惊足坛的天才小将，在符合参赛要求后迅速打开了德甲进球账户，并以18岁10天的年龄成为拜仁队史上最年轻的进球球员，直至21年后才由另一位天才穆夏拉改写纪录。唯独可惜的是，伤病成为后来制约圣克鲁斯发展的致命天敌……

不过，与圣克鲁斯横空出世形成对比的是，拜仁在这个赛季的开局并不顺利，首轮凭借埃尔伯的进球才在主场2∶2战平汉堡，第2轮又0∶2不敌今非昔比的死敌勒沃库森。不仅如此，待到冬歇期时，拜仁的一系列队内问题终于到了不得不处理的境地。

首先是被评选为1999年度"德国足球先生"的马特乌斯决心离开拜仁，39岁的马特乌斯似乎咬定遵循偶像贝肯鲍尔的轨迹，在职业生涯的最后时刻，也就是2000年初加盟了美国赛场的纽约地铁明星队。后来，马特乌斯在2000年5月举办了告别赛，前来助兴的马拉多纳甚至身穿拜仁球衣在比赛中登场。这并非结束，马特乌斯此后还参加了2000年欧洲杯，直至2001年初才告别绿茵赛场。

几乎就在马特乌斯离开拜仁的同一时间，此前在欧冠决赛贡献进球的巴斯勒也离队了——由于不满自己的薪资太低，拒绝续约的巴斯勒和拜仁高层彻底翻脸，于是在冬歇期直接去凯泽斯劳滕投奔恩师雷哈格尔去了，直至2003年才离开德甲赛场，在卡塔尔的阿尔拉扬队踢了1年后退役。

由于这个赛季的动荡，迎来建队百年的拜仁在赛场上的表现极不稳定，整个赛季输掉了6场联赛，是竞争对手勒沃库森的两倍——这个赛季，先后签下巴拉克、诺伊维尔、施耐德等强援的勒沃库森已经成为拜仁的头号竞争对手。直至联赛最后一轮前，勒沃库森依然在联赛领先拜仁3分，只需战平升班马翁特哈兴队便可锁定冠军。

最后一个比赛日，已经失去夺冠主动权的拜仁开场16分钟便3：0领先不莱梅，这让另一个场地的勒沃库森渐渐感到了压力。果不其然，巴拉克在比赛第20分钟时解围不慎而打进乌龙球，这让勒沃库森越踢

越紧张，越踢越混乱，直至下半场第25分钟，翁特哈兴队球员奥贝雷特纳把比分扩大为2：0，就此宣布了勒沃库森功亏一篑。

就是这样，拜仁凭借最后一轮的逆转而卫冕成功。出自拜仁青训的奥贝雷特纳赛后不敢相信地表示："没想到，我居然以这样的方式帮助拜仁实现了夺冠。"接下来，赫内斯则遵守赛前许诺，除了先期奉上的10千克蛋糕，又向翁特哈兴队赠送了10千克腊肠和10升啤酒，在德甲历史上被赞为"香肠外交"。

只是不同于联赛层面的幸运，拜仁该赛季在欧冠赛场则没有那么好的运气了。在小组赛顺利出线后，拜仁在第二阶段小组赛两回合8：3大胜皇马（根据当时的赛程，小组出线的16强球队进行第二阶段小组赛以决出8强），顺利进入淘汰赛后两回合3：2击退波尔图队，在半决赛又遇到了老对手皇马。

这一次，拜仁的赛场表现和小组赛比可谓天壤之别。首回合开场仅4分钟，阿内尔卡的反越位成功便攻破了卡恩把守的城门。此后不久，杰里梅斯不慎打进乌龙球，让拜仁最终在客场0：2落败。待回到主场，虽然扬克尔为拜仁先拔头筹，但是阿内尔卡的进球让拜仁彻底失去了希望。最终，拜仁凭借埃尔伯的进球拿下了次回合比赛，总比分却以2：3出局。

好在德国杯决赛，塞尔吉奥的出色发挥让拜仁复仇不莱梅，由此赢得了希斯菲尔德时代的首个"双冠王"。

第三章

完美复仇

连续两年欧冠不敌曼联和皇马，拜仁可谓是"旧伤未去，又添新痕"。不过，拜仁始终没有放弃复仇的欲望和争冠的目标。2000—2001赛季，保留基本球员框架的拜仁再度迎着逆境起航，此时球队的人员调整只有来自摩纳哥队的右后卫萨尼奥尔接替巴贝尔，后者转投利物浦，此外斯福扎再度回归。

这个赛季，拜仁拥有不错的开局，唯独异军突起的沙尔克04成为新的竞争对手。在第12轮3∶2逆转拜仁后，沙尔克04在积分榜上紧紧咬住了拜仁，还在该赛季闯入了德国杯决赛，而拜仁则在德国杯早早出局了。

就在32轮联赛过后，沙尔克04依然以净胜球优势暂时领先拜仁。第33轮，"黄金替补"齐克勒出场后的连续抽射完成关键进球，力助拜仁2∶1击退凯泽斯劳滕；同时，沙尔克04却在另一个场地不敌巴拉科夫领衔的斯图加特。于是在最后一轮

前，拜仁以3分的优势实现反超，最后一轮只需战平汉堡便可夺冠，而沙尔克04的末轮对手则是降级队翁特哈兴队。

这是德甲历史上最为经典、最具悬念的末轮争冠大战。作为上个赛季的搅局者翁特哈兴队，此次开局不久便2∶0领先沙尔克04。在被追平后，翁特哈兴队在比赛第70分钟再度领先，但是沙尔克04可比勒沃库森更具韧性，硬是在比赛最后20分钟实现逆转，最终5∶3拿下了胜利。

这一次，压力反而到了拜仁身上。拜仁本计划通过慢悠悠的比赛节奏以稳住0∶0的比分，却不想最后时刻风云突变。比赛第90分钟，汉堡突然边路发动进攻，中锋巴巴雷茨接左路传中后力压安德森头球一甩，卡恩只能眼睁睁看着球飞进球门死角。一时间，另一个场地的沙尔克04球迷陷入了狂欢。

此时的拜仁替补席一片死寂，看台上的贝肯鲍尔满脸铁青，甚至还有拜仁球迷落下了眼泪。不过，拜仁的场上球员并没有灰心和放弃，卡恩不断向队友拍掌鼓劲，埃芬博格则是带领球队发动了最后的反攻。直至比赛最后时刻，汉堡门将舍贝尔慌乱中用手接住了队友的回传球，裁判果断判罚了禁区内任意球。

谁来主罚？卡恩一度自告奋勇，但是

队长埃芬博格叫来了担任中卫的安德森并面授机宜——就在如此紧张的生死时刻，埃芬博格依然足够冷静，因为他深知安德森拥有这一脚功夫，此时选择安德森来主罚绝对是最佳选择。

随即，安德森开始助跑，埃芬博格把球轻轻一拨，步伐恰好赶到的安德森大力抽射，球穿过人墙后直接飞入网窝。这，实在是太疯狂了！拜仁在最后时刻扳平比分，拜仁在最后时刻赢得冠军！

在完成联赛三连冠的同时，在欧冠赛场这个赛季的拜仁更是高歌猛进。小组赛力压巴黎圣日耳曼足球俱乐部（简称：巴黎圣日耳曼）以头名出线，第二循环小组赛则是力压阿森纳足球俱乐部（简称：阿森纳）继续以头名出线。进入1/4决赛，拜仁遇到了期待中的对手曼联。"我一直期待这一天的到来，我们要把巴塞罗那的那笔账好好清算一下。"赛前，埃芬博格便发出了豪言壮语。

首回合，带着血气的拜仁在客场固若金汤，直至比赛第86分钟，塞尔吉奥的绝杀帮助拜仁带着1∶0的优势回到了主场；第二回合，埃尔伯和绍尔的进球力助拜仁把优势扩大到了3∶0，哪怕吉格斯此后扳回一球，弗格森几乎在同一时间换上谢林汉姆和索尔斯克亚也已无济于事。

"干掉"曼联后，顺利晋级半决赛的拜仁又遇到了皇马。

首回合比赛在伯纳乌进行，卡恩的高接低挡让皇马的23次射门徒劳无获，反而是埃尔伯在禁区外的死角射门让拜仁带走了胜利；次回合，埃尔伯再度攻破皇马球门，此前一个赛季不幸乌龙的杰里梅斯也用进球完成救赎。最终，拜仁又用一个3∶1拿下了皇马。1/4决赛和半决赛先后双杀曼联和皇马，报了此前两季之仇的拜仁最终与瓦伦西亚足球俱乐部（简称：瓦伦西亚）在欧冠决赛狭路相逢。

这是拜仁向欧洲冠军再度发起的冲击，希斯菲尔德安排了三中卫体系，萨尼奥尔和利扎拉祖分居两侧，小将哈格里夫斯出现在埃芬博格的身后。没想到，如此变阵的拜仁开场两分钟便遭遇意外被判点球。虽然卡恩判断对了方向，但是门迭塔射出的球角度刁钻，从球门左下角飞入网窝。

随即，拜仁立刻向瓦伦西亚发起反攻，埃芬博格在对方禁区内被撞倒，可惜绍尔错失点球良机。进入下半场，扬克尔顶替萨尼奥尔出场，重返4-4-2阵形的拜仁随即由扬克尔在争顶时再度制造点球。这一次，埃芬博格帮助拜仁扳平比分，而率先跑向他庆祝进球的正是绍尔。

最终，双方经过120分钟苦战打成平局，比赛进入了残酷的点球大战。拜仁首轮出场的塞尔吉奥将球射高，而门迭塔则骗过卡恩再进点球。第二轮，萨利哈米季

奇和卡鲁均射中。命运看上去似乎又未站在处于落后的拜仁这边，但是不要忘记，拜仁拥有全世界无与伦比的头号门将卡恩！

接下来，卡恩在拜仁的生死边缘彻底爆发，他接连扑出了扎霍维奇、卡博尼的点球。直至第七轮，拜仁出场的林克成功罚入，卡恩则飞身一跃把佩莱格里诺的射门拒之门外，拜仁终于实现了欧冠冠军的目标！

"我扑出了对方三个点球，拜仁也在等待25年后再夺欧冠冠军。这不仅是我个人的高光时刻，也是拜仁里程碑式的一场比赛。"此后，卡恩还随拜仁举起了丰田杯奖杯。这让他在年底再度把世界最佳门将等四项荣誉集于一身，在金球奖评选中则排名第三位，而希斯菲尔德教练则当选年度最佳教练。

只是拜仁在登上欧洲之巅的同时，年龄老化、打法固定等问题早已出现苗头，不能忽视的还有埃芬博格、埃尔伯等核心球员在艰辛拿下欧冠后的斗志匮乏和状态下滑。因此，来到2001—2002赛季，哪怕希斯菲尔德在联赛首轮便把皮萨罗、科瓦奇兄弟、迪亚姆等新援全部安排首发，但是球队战力和表现较之此前赛季完全不可同日而语，不仅在欧冠赛场止步八强，联赛层面更是位居多特蒙德、勒沃库森之后，仅排第三名。

新老更替，已经成为拜仁的当务之急！

第四章

由盛转衰

就在拜仁由盛转衰之际，多特蒙德凭借连签罗西基、扬·科勒、阿莫鲁索等好手，在萨默尔的带领下再夺德甲冠军，不过，这般疯狂投资也为后期的财政危机埋下了伏笔；在欧战赛场，勒沃库森则扛起德甲大旗，淘汰利物浦和曼联后闯入了决赛。然而，这支堪称历史最强的勒沃库森却在该季的欧冠、联赛和杯赛中三度遭到最后阻击——当齐达内献出惊世的"天外飞仙"后，勒沃库森只能咽下"三亚王"的苦果。

此后的2002年韩日世界杯，早已风光不再的"德国战车"低调出征，硬是一路过关斩将闯入决赛。只是不同于获得世界杯全球奖的卡恩、横空出世的克洛泽，来自勒沃库森的中场核心巴拉克却因累计黄牌而无缘决赛，只能无奈地吞下了两个月来第4个"亚军"的苦果，哪怕他的表现毫无争议地在该年首度当选德国足球先生。

1976年，就在贝肯鲍尔带领拜仁赢得

欧冠三连冠后不久，巴拉克出生于民主德国的格尔利茨市。作为家中独子，巴拉克7岁时便加盟了民主德国的一支小球队成为足球学徒，此后进入了萨克森州的开姆尼茨足球俱乐部青年队，很快就展现出全能素质，满场飞奔、不知疲倦、能攻善守，迅速成为同龄球员中的佼佼者。

随着全新的德国足球联赛在两德统一后诞生，巴拉克于1995年代表开姆尼茨队在德乙首轮完成了职业生涯首秀，可惜球队在赛季结束后降入了地区联赛（当时还没有德丙联赛）。再到1997年，雷哈格尔发现了这位隐藏的足球天才并把他带到了凯泽斯劳滕。于是首个赛季，16次出场的巴拉克便随队作为升班马赢得了德甲冠军。

然而，早期的"凯泽斯劳滕神话"似乎耗尽了巴拉克的毕生好运，这让他在转至勒沃库森后便开始遭遇无法摆脱的"亚军魔咒"。在韩日世界杯过后，26岁的巴拉克深深感到财力有限、人员流失的勒沃库森已然无法继续满足自己的冠军追求，进而在2002年夏天以1290万欧元的转会费来到了拜仁，由此创造了当时德甲最高转会费纪录。

来到拜仁的巴拉克接过了塞尔吉奥留下的13号战袍，自勒沃库森加盟的巴西国

脚泽·罗伯托则接过了11号战袍。是的，已经34岁的埃芬博格在该年夏天离开了拜仁，在沃尔夫斯堡、多哈阿拉伯人队效力两年后于2004年退役。

此外，另一位备受关注的天才球员代斯勒也在此时来到拜仁。只是不同于堪称常青树的泽·罗伯托一直踢到43岁，命途多舛的代斯勒出道于门兴，自2000年欧洲杯成名后便备受伤病摧残，加盟拜仁后曾缺席前19轮联赛，直至2003年2月才完成首秀。最终，伤病的噩梦、外界的压力以及遗传性的易患病体质让代斯勒逐渐扛不住了，在2003年患上严重的抑郁症，直至2007年初刚刚度过27岁生日后便选择了退役。

其实，此时的拜仁同样命途多舛。在巴拉克上位后，拜仁在2002—2003赛季开局顺利，在联赛层面早早树立了领先优势，绍尔还在下半程面对慕尼黑1860时完成了职业生涯最后一个也是唯一一个的帽子戏法，为其送上最后一个助攻的则是刚刚伤愈复出的代斯勒。

最终，拜仁以创纪录的16分优势再夺德甲桂冠，并同时拿下了德国杯冠军。不过在欧冠赛场，小组赛一场不胜的拜仁遭遇了AC米兰和拉科鲁尼亚队的"双杀"。特别是拉科鲁尼亚队的荷兰射手马凯在慕尼黑完成了"帽子戏法"，终结了拜仁超过30年的欧冠主场不败金身。

这一年的欧冠赛场，拜仁也并非一无所获。就在小组赛末轮迎战朗斯队的比赛中，已经提前出局的拜仁选择练兵，由两名年轻小将先后替补登场完成了"处子秀"：一位是1983年11月出生的拉姆；另一位是1984年8月出生的施魏因斯泰格。此后，施魏因斯泰格渐渐在拜仁晋升主力阵容，而拉姆则在2003年夏天租借至斯图加特磨炼。

同样在2003年夏天，深感球队在欧冠赛场不堪一击的拜仁高层继续补强阵容，以1875万欧元的转会费从拉科鲁尼亚队签下了欧洲金靴奖得主马凯，这位此前的"克星"首个赛季便代表拜仁出战44次并打进31球。此外，拜仁还自河床队签下了被称为"元帅"的中卫德米凯利斯，而最初认为自己"可以和马凯完美搭档"的埃尔伯在赛季初为拜仁效力4场后选择加盟了法甲冠军里昂足球俱乐部（简称：里昂）。

从实力层面来看，各条战线明显提升的拜仁理应更进一步，然而球队在欧冠小组赛却被埃尔伯的新东家里昂压在身下，艰难出线后便在1/8决赛因客场进球劣势被皇马淘汰出局。更致命的是联赛层面，拜仁几乎整个赛季都被米库、埃尔顿和克拉什尼奇所领衔的不莱梅所压制。

第31轮，客场对阵科隆的拜仁开场第24分钟便被19岁的波多尔斯基攻破了城门。此后，皮萨罗为拜仁扳平比分，施魏因斯泰格在第77分钟贡献了绝杀。这是"波尔蒂"和"小猪"第二次在联赛相遇，两人赛后互换球衣的瞬间标志着一段绿茵友谊的开启。只是这场比赛过后，"波尔蒂"随科隆降级了，拜仁也不过是在夺冠路上挽回了一个赛点而已。

再到第32轮生死战，拜仁亲手葬送了

夺冠希望。比赛第19分钟，出击的卡恩原本将埃尔顿的直传球抱入怀中，不料球随即滑落，这让"肾斗士"克拉什尼奇快速跟进打破僵局。最终在90分钟过后，不莱梅带着3∶1的比分赢得德甲冠军，此后还顺利加冕德国杯，而拜仁自此结束了"希斯菲尔德时代"。

接替希斯菲尔德的是谁呢？马加特！

　　凭借此前几个赛季带领斯图加特青年军傲然崛起，马加特自然进入了拜仁高层的视野。不过，马加特身上的争议标签却同样明显。球员时代，曾随汉堡夺得1982—1983赛季欧冠奖杯的马加特被视为德国铁血足球的代表。

　　执起教鞭后，马加特试图把当年对自己的严格要求和坚韧磨炼传递给麾下弟子。其单独设计的实心球训练、灌铅训练服、高地越野跑等训练方式，极大挑战着球员的身体极限，由此收获了"魔鬼教练"的称号。只是这般执教风格，训练年轻球员较多的斯图加特可谓效果显著，但是同样对待球星云集的拜仁则必然充满争议，自然就为后来的惨痛结果埋下了伏笔。

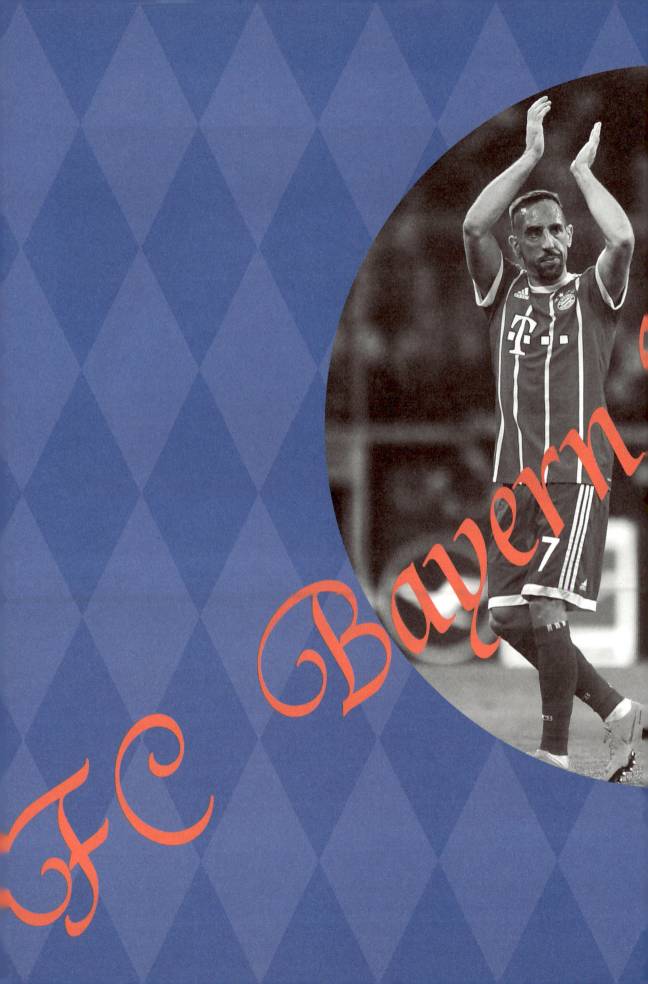

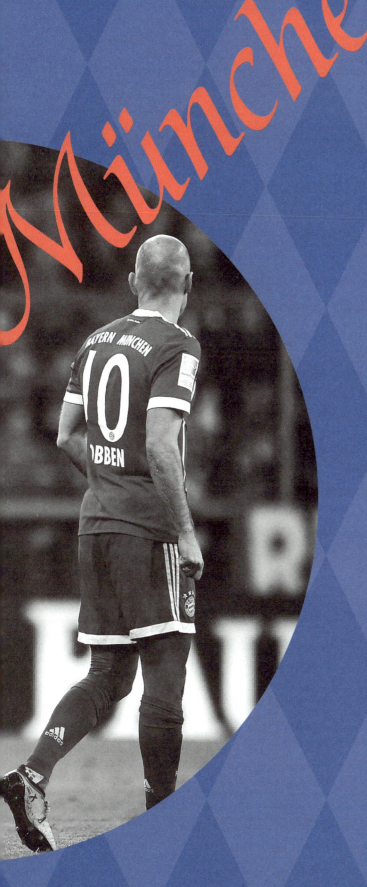

第六部分　崛起　2004—2010

青训再结硕果，两翼齐飞傲视赛场

第一章

核心离队

2004年欧洲杯，小组出局的德国队继续低迷表现，但是拉姆和施魏因斯泰格的左路搭档却成为球队少有的亮点，也成为拜仁乃至德国足球的希望。赛事结束后，重回斯图加特的拉姆已经明确了回归拜仁的决心，而施魏因斯泰格进一步巩固了在拜仁的主力位置。

此外，拜仁还从遭遇破产危机的多特蒙德签下德国队主力中场弗林斯，同时敲定了来自勒沃库森的巴西中卫卢西奥，还有来自慕尼黑1860的年轻后卫格利茨，可见球队整体实力得到了进一步提升，利扎拉祖和尼科·科瓦奇选择离队。不过，利扎拉祖仅过了半年便回到了拜仁，而科瓦奇则在14年过后以主帅身份重返拜仁。

再看这个赛季的联赛，拜仁在历经赛季初的适应后渐显优势，在下半程创纪录的9连胜后以14分优势再夺德甲冠军，代斯勒还完成了拜仁在慕尼黑奥林匹克体育场的最后一球。同时，拜仁还在击败沙尔克

04后赢得了德国杯冠军，时隔两年再度成为德国国内的"双冠王"。不过所有人都知道，真正考验这支德甲霸主的其实是欧冠赛场。

小组赛，拜仁惨遭尤文图斯"双杀"，好在力压阿贾克斯和特拉维夫马卡比队以小组次名出线。接下来的1/8决赛，拜仁首回合在主场3：1击退阿森纳，虽然客场遭遇0：1失利，依然凭借最后时刻的防守以总比分3：2晋级。1/4决赛，拜仁队史首次和俄罗斯巨富阿布拉莫维奇入主的土豪球队切尔西足球俱乐部（简称：切尔西）相遇。

首回合在斯坦福桥，各条战线已32场主场不败的切尔西开场4分钟便打破僵局，此时乔·科尔毫无威胁的低射打在卢西奥小腿后变向破门。此后拜仁发动反攻，替补登场的施魏因斯泰格帮助拜仁扳平比分，但是强大的切尔西随即在22分钟中连入三球，巴拉克最后时刻的点球命中为球队保留了些许希望。

次回合来到慕尼黑，拜仁迎来队史第100场欧冠比赛，切尔西主帅穆里尼奥却充满"挑衅"般安排教练团队最没名气的法里亚以及替补前锋福塞尔（通常是队长或首发球员）出席了赛前发布会。来到比赛，必须两球取胜的拜仁自比赛伊始便展

开犀利攻势，然而这次依然运气不佳，兰帕德在比赛第30分钟的射门还是击中卢西奥后变线破门。

　　进入下半场，破釜沉舟的拜仁用老将绍尔换下后腰德米凯利斯。仅10分钟，巴拉克的头球攻门被扑后打在门柱弹出，皮萨罗补射扳平比分。然而，运气依然不在拜仁这边！在利扎拉祖的射门击中门楣后，德罗巴在反击中力压罗伯特·科瓦奇头球顶球门右侧死角得手。

　　此时唯有攻入三球才能赢得加时赛的希望，但是拜仁依然没有放弃！进入补时阶段，先是格雷罗在门前把卢西奥的远射弹进球网，绍尔又用右脚抽射再度破门。可惜，尽管绍尔一边招呼队友尽快回到半场，一边向主裁要求时间，然而留给拜仁的时间不足以完成奇迹。最终，拜仁在第二回合比赛反超，总比分却没有逆转。

2005年夏天,拜仁在阵容方面未做太多调整,两名老将林克和齐克勒携手去了萨尔茨堡红牛队,未能打出名气的托比亚斯·劳去了比勒菲尔德队。同时,拜仁签下了亚洲足球先生卡里米,并针对此前被切尔西打爆的后防线,选择用失去位置的弗林斯换来了不莱梅的法国中卫伊斯梅尔。

更重要的补强在于,拉姆不顾斯图加特的挽留、不顾当时身处的病榻,毅然回到拜仁怀抱,并在十字韧带伤势恢复后于12月完成回归首秀。如同每位离开故土的游子,拜仁始终是拉姆内心深处的归宿,"我回来了!租借的日子里,我一直努力证明自己可以回到这里(拜仁),如今我做到了,我不想再走了。"

其实这年夏天,拜仁还迎来了队史又一个重要时刻——新兴建的安联球场正式投入使用!

作为欧洲最现代化的球场,安联球场为2006年世界杯所建,能容纳75000名观众,并于2002年10月由贝肯鲍尔奠基,2005年4月竣工。安联球场的独特之处在于,外墙由2874个菱形膜结构构成,其中1056个可以发光并改变颜色。每当拜仁主场比赛时,安联球场在照明系统的映射下成为红色发光体,在数公里外都可看到这个奇妙场景。

2005年5月31日,拜仁在安联球场官方开幕战中以4∶2战胜了德国国家队。不过随即而来的新赛季首轮,拜仁便遇到了不小的麻烦,在哈格里夫斯打破僵局后,新援伊斯梅尔上半场未结束便累计两黄被罚出场。不过,调整过后的拜仁丝毫不落下风,特别是活跃的圣克鲁斯和哈格里夫斯有效弥补了人数不足,并由马凯梅开二度后以3∶0取得大胜。赛后,圣克鲁斯还和代表门兴出场的埃尔伯交换了球衣。

凭借超强实力,拜仁在联赛6连胜开局后便高歌猛进,在上半程以14胜2平1负的44分战绩高居榜首,甚至在2005年的34场德甲联赛中共拿下28场胜利,创造了德甲纪录。不过在欧冠赛场,拜仁此次在小组赛面对尤文图斯,双方互相在主场2∶1击败对手,但最后一轮拜仁客场被布鲁日逼平,最终只能以小组第二名出线。

来到1/8决赛,拜仁便遇到了此前刚刚惨遭"伊斯坦布尔奇迹"的AC米兰。首回合对决,卡恩在热身时旧伤复发,替补门将伦辛出场,而坐镇主场的拜仁自开场后便发起猛攻,伦辛直至第12分钟时接卢西奥头球回传才第一次获得触球机会。再到第23分钟,巴拉克的门前24米处凌空抽射助拜仁领先。

不过,时任AC米兰主帅安切洛蒂中场过后果断调整,AC米兰自下半场开始苏醒。第57分钟,塞尔吉尼奥的传中打在伊斯梅尔的右手上,舍甫琴科通过点球让

AC米兰成功带走了一场1：1平局——这场比赛成为两队的转折点。拜仁随后陷入低迷，回到联赛被汉堡破了主场不败金身，而AC米兰却开始持续高光，联赛豪取5连胜。

　　待到第二回合，两队状态已经明显不同。AC米兰直接以4：1把拜仁淘汰出局，这让拜仁回国后被嘲讽为"连皮裤都被人扒了下来"。此后，受制于队中伤病日益严重，以及马凯状态全无，拜仁在联赛层面险被德甲金靴和助攻王双料得主克洛泽领衔的不莱梅反超，直至第33轮才凭借小将奥特尔的职业生涯首球战平凯泽斯劳滕顺利卫冕，并在最后一轮送别了退役的杰里梅斯、利扎拉祖以及离队的巴拉克。

　　的确，拜仁看似此前还凭借皮萨罗

的进球以1∶0击败法兰克福而卫冕德国杯。不过，随着球队在联赛下半程的表现急转直下，马加特的"魔鬼"执教已经备受质疑，进而导致了拜仁球员的离队潮。除了巴拉克，泽·罗伯托、格雷罗也同时离队。

2006年世界杯，是属于德国队的神话般的夏天。只是对于拜仁球迷而言，此时的心情却是五味杂陈，因为身为德国队长的巴拉克已经以自由身加盟了英超劲旅切尔西。据悉，切尔西开出的高额年薪是重要因素，在一年前的欧冠对决中切尔西所展现出的强硬打法更令巴拉克心生向往。

于是合同年面对拜仁的续约谈判，巴拉克备受批评，以至于鲁梅尼格在股东大会上宣布收回巴拉克的续约合同，由此注定了两者分道扬镳的结局。多年过后，巴拉克曾敞开心扉，表示当年之所以不敢向拜仁高层表达离队决定，是担心自己经不住拜仁最具人情味的主席赫内斯劝说而改变主意。

然而，巴拉克的"拖延"和离队确实对拜仁造成致命打击。2006年夏天，拜仁虽在三条线签下了范比滕、范博梅尔和波多尔斯基三名新援，却无人可以接过巴拉克的组织核心角色，以至于拜仁高层一度聊以自慰地表示"我们还有代斯勒"，但是这位饱受摧残的天才球员在2006—2007赛季仅出场4次后，便于2007年初突然挥

手退役了。

至于此时的拜仁，马加特的极端理念已经让球队内部苦不堪言，诸多球员纷纷考虑尽快逃离拜仁，以至于赫内斯后来分析道："对马加特来说，榨取球员的最后一点体能就像榨取最后一滴柠檬汁一样正常，这对球员身体是极大的伤害，如此做法会带来短暂的成功，但对球队长期的发展来说就是个灾难。"

将帅失和、霸气无存、人心思变，这样的拜仁在赛季前半程结束时便已落后不莱梅和沙尔克04位居第3位，德国杯还被亚琛队爆冷淘汰。冬歇期过后，拜仁的状态更加糟糕，先在客场2∶3不敌多特蒙德，回到主场又和弱旅波鸿队战成0∶0。马加特在无奈表示"我们现在不必再谈论夺冠"后不久，在广播中听到了自己"下课"的消息。

第二章

国王驾临

2007年2月1日，已经在家休息两年半的希斯菲尔德重新回到了拜仁的主帅岗位，但是这支病入膏肓的球队随即便让希斯菲尔德的回归首战以0：3惨败于纽伦堡。接下来，在马凯绝杀比勒菲尔德队后，拜仁又在客场不敌降级球队亚琛队，然后在欧冠赛场迎来了老对手皇马。

首回合比赛在伯纳乌进行，皇马开场10分钟便由劳尔打破僵局。尽管卢西奥在第23分钟扳回一球，但是贝克汉姆主罚的定位球先后帮助劳尔和范尼进球。看上去，拜仁又要在欧冠赛场遭遇溃败，但是拜仁在下半场换上萨利哈米季奇、皮萨罗和绍尔后扭转战局，久攻之下由范博梅尔扳回一球，带着2：3的比分离开了伯纳乌。

首回合比赛的下半场无疑让拜仁看到了希望。回到安联球场，拜仁自开场哨响便全线投入进攻，皇马左后卫卡洛斯的停球失误被萨利哈米季奇断下，后者突破后

送出传中，马凯在无人防守的情况下推射死角得手。10.02秒，拜仁就此创造了欧冠历史最快进球纪录！

下半场第65分钟，卢西奥接萨尼奥尔开出的角球后头球破门，拜仁及时扩大了比分。虽然比赛结束前，范尼主罚点球扳回一城（范博梅尔和迪亚拉因争夺位置双双吃到第二张黄牌被罚下），但是顽强的拜仁还是把2：1的比分保持到了终场，最终凭借客场进球优势淘汰了当赛季西甲冠军皇马。

一个月后，拜仁又在欧冠1/4决赛迎来了另一个老对手AC米兰，而球队此时已经伤兵满营。首回合在圣西罗，坐拥主场之利的AC米兰发动猛攻，第40分钟由皮尔洛头球吊射打破僵局。随后比赛趋于平静，直至进入尾声时终于迎来高潮，先是范比滕在第78分钟的门前左脚抽射追平比分，后是卡卡5分钟后主罚点球再次反超。

不过比赛并未就此结束。补时第3分钟，哈格里夫斯任意球长传至禁区，后点的范比滕胸部停球凌空抽射完成绝平进球。可惜的是，"范大将军"的精彩表现成为拜仁该赛季的最后挣扎。第二回合回到主场，拜仁0：2败下阵来并出局，后在联赛中又遭遇三场不胜。在德甲第32轮战平"副班长"门兴后，拜仁无缘联赛前三

名并提前宣布痛失下赛季欧冠资格。

　　此后的比赛，由此成为告别时刻。赛季末轮5∶2大胜美因茨队，戴上队长袖标的绍尔首发出场并完成了职业生涯最后一球。比赛第57分钟，绍尔被换下场，在全场球迷的掌声中结束了15年的拜仁生涯——当年目中无人的张狂小子，如今已成低调温和的谦谦君子；曾经壮志凌云的雄心勃勃，被伤病累累折磨成镜花水月。唯独传奇生涯不会为结果所改变，只会因过程而动人；记忆不会因岁月而消减，只

会如陈年旧酿般更显醇香……

　　就在绍尔退役的同时，还有多名球员离开了拜仁：马凯、皮萨罗、圣克鲁斯、萨利哈米季奇、哈格里夫斯、格利茨、伊斯梅尔、卡里米……毫无疑问，此前的阵容莫说欧战，在德甲层面也已失去竞争力，而跌至谷底的战绩也让高层彻底醒悟：是时候打开银行账户对球队阵容进行更新换代了！

　　来自佛罗伦萨的意甲金靴卢卡·托尼、来自不莱梅的世界杯最佳射手克洛

泽、来自门兴的左路悍将扬森、来自大学生队的阿根廷新星何塞·索萨、来自亚琛队的国脚射手施劳德拉夫，以及来自沙尔克04以自由身加盟的中场大将阿尔滕托普和来自巴甲桑托斯队以自由身回归的泽·罗伯托，拜仁在转会市场的大手笔持续不断。当然，其中最为耀眼的是签下了新的顶级核心——弗兰克·里贝里！

1983年4月，里贝里出生于法国一个贫穷的小镇布洛涅。除了来自家庭的生活困境，儿时的里贝里还遇到了人生的首次磨砺——2岁的时候，随父母外出购物的里贝里遭遇严重车祸，他从后座被抛向挡风玻璃，脸上划出了一道长长的血痕。最终，里贝里幸运地活了下来，但是脸部缝了100余针。

里贝里的童年险被近乎毁容的脸而摧毁，年幼的他不得不面对生活的不幸和来自街头的嘲讽。6岁时，为了不让这个沉默的孩子"步入邪途"，家人送他去了少年足球俱乐部。然而里贝里很快就发现，队友给他取绰号的兴趣更胜过跟他一起踢足球，这让他只能把愤怒全部发泄到足球上。

从此，燃烧起足球梦的里贝里迅速成长，13岁时进入法甲球队里尔足球俱乐部（简称：里尔）青训学院，但是三年后却带着一条受伤的胳膊被撵走。此后，穷困潦倒的里贝里只能在小球队苦苦坚持，直至20岁时再次回到家乡，为了生计而成为

一名建筑工人，每天早上五点起床，跟随父亲一起在建筑工地铲石头、铺管道、运器材……

"在工地上的经历是我人生中的重要一课，我理解了父亲是多么辛苦，也感受到了人生的艰辛。"带着坚定意念，里贝里依然坚持自我训练，强壮身体，在2003—2004赛季时终于被一支名为布雷斯特队的法丙球队招致麾下，即使月薪只有250欧元。在这里，里贝里开始展现足球才华，以助攻王的表现率队成功升级，甚至还在法国杯梅开二度淘汰了法甲球队阿雅克肖队。

2004年夏天，正式签约法甲球队梅斯队的里贝里在21岁时终于获得了人生第一份职业合同。半年后，他又来到土超加拉塔萨雷队，获得土耳其杯冠军后在2005年夏天加盟了法甲马赛队。在里贝里的求胜欲望征服法甲赛场后，他随法国国家队踏上了2006年世界杯舞台，齐达内甚至称他为"法国足球的瑰宝"。

"我接到了诸多邀请，唯独拜仁的真诚打动了我。"2007年夏天，拜仁以当时德甲最高身价2500万欧元把里贝里带到了安联球场。希斯菲尔德评价道："拜仁签下里贝里真的非常幸运，他从第一天就给人留下了深刻印象，并证明自己可以提升球队实力，带领球队继续前进。"

2007年8月16日，第一届贝肯鲍尔杯在

慕尼黑举办，这也是"拜仁之子"绍尔的告别赛。在这场同巴萨友谊赛的第53分钟，绍尔完成了他的最后表演，拜仁用7号换下了7号——绍尔从此把象征权杖的7号球衣交给了里贝里。全场观众起立，用掌声致敬伟大传奇，也用掌声欢迎新的核心。

从此，里贝里成为拜仁的新舵手和国王，而德甲赛场随即掀起了"里贝里"风暴。他的速度、他的节奏、他的斗志让"老态龙钟"的德甲联赛一夜间春风满面、激情四起，当时被视为唯一能跟上里贝里节奏的拜仁球员泽·罗伯托回忆：

"里贝里把整个比赛节奏带起来了，我们只有加快脚步才能融入比赛。"曾效力过巴萨的范博梅尔更是赞道："里贝里与小罗的唯一差别只是奖牌和荣誉。"

2007—2008赛季，里贝里自联赛第二轮便用一粒"勺子点球"打开了德甲进球账户。此后，随着里贝里的不断提速，加之"克洛尼"（克洛泽和托尼）的攻城拔寨，拜仁全新的攻击组合所向披靡，虽然球队遗憾地在欧联杯半决赛不敌黑马球队泽尼特队，但是依然凭借重夺德甲和德国杯双料冠军送别了传奇门将卡恩。同时，里贝里则凭借14粒进球和16次助攻的大号两双，毫无争议地当选德国足球先生，托尼则以24粒进球赢得了德甲金靴。

看上去，崭新的拜仁开始憧憬美好未来，然而主教练希斯菲尔德却因年龄等原因婉拒了拜仁高层的留任邀请，在2008年2月和瑞士足协签约并以"首次执教一支国家队"作为"退休前的理想过渡"——2008年夏天，希斯菲尔德入主国际足联排名第44位的瑞士国家队。6年后，当他正式退休时，瑞士已是国际足联排名第6并跻身世界杯16强的劲旅。

随着希斯菲尔德早早宣布赛季末离任，这让拜仁高层拥有足够时间物色接班人。最终，曾经的德国国家队主教练克林斯曼在2008年夏天成了拜仁新任主帅。

第三章
不堪受辱

回顾2006年世界杯，为德国足球留下了美好回忆，作为主教练的克林斯曼自然功不可没。不过，克林斯曼在接手拜仁前的执教履历仅限于在德国队的两年时光，根本没有任何俱乐部的任职经验。不仅如此，克林斯曼一系列颇具改革意味的管理模式似乎与传统豪门格格不入，重精神、轻战术的执教理念则让连续作战的拜仁迟迟无法形成属于自己的战术体系。

同时，克林斯曼也未搭建一套合理高效的教练团队，来自墨西哥的助教瓦斯奎兹对德国足球非常陌生。另外在人员方面，拜仁的补强也非常有限，卡恩退役后由自家培养的小将伦辛接任主力门将，自本菲卡队签下德国国门布特担任替补。施劳德拉夫、扬森转会离队，常年受到伤病困扰的萨尼奥尔赛季中退役，拜仁仅签下了自由身的德国国脚博罗夫斯基，以及租借了意大利边后卫奥多。

这样的一系列隐患，在赛季初便已

展现苗头。首场正赛，拜仁便在德国杯客场4：3艰难战胜丙级球队红白埃尔福特队（托马斯·林克的母队）；进入联赛，拜仁两连平开局，但值得纪念的是在联赛首轮2：2战平汉堡的比赛中，不仅施魏因斯泰格和波多尔斯基同场进球，一位名为托马斯·穆勒的球员完成了代表拜仁一线队的首秀。

此后，拜仁看似在连胜柏林赫塔和科隆的比赛中重回正轨，但是第5轮面对不莱梅又遭遇当头一棒，上半场结束时便以0：2落后。中场休息，克林斯曼不仅没有布置战术，反而是到场边观看替补球员训练。最终，不莱梅在下半场一度把比分扩大到5：0，幸好替补出场的博罗夫斯基面对旧主梅开二度，才让拜仁挽回了些许颜面。

此后的拜仁随着里贝里复出而开启"追分模式"，但是半程过后依然被升班马霍芬海姆足球俱乐部（简称：霍芬海姆）压在身下。进入后半程，霍芬海姆因主力射手伊比舍维奇受伤而彻底崩盘，但是拜仁其实也好不到哪里去——后半程联赛以1胜3负开局，在德国杯赛场还被勒沃库森淘汰。

在欧冠赛场拜仁罕见地爆发，在1/8决赛以两回合12：1的比分淘汰了里斯本竞

技队，创下了欧冠联赛的两回合总比分纪录，替补登场的小将托马斯·穆勒则成功地完成了欧战首秀和首球。不过，这只是克林斯曼在拜仁执教时期的最后荣光。

回到联赛，拜仁在拿下波鸿和卡尔斯鲁厄队后迎来了后半程突飞猛进、连战连捷的沃尔夫斯堡。面对这支由前主帅马加特领衔的"黑马"，没想到客场作战的拜仁被打得溃不成军，哪怕上半场还保持1∶1平局，自63分钟开始的14分钟内被连灌4球，甚至被对方中锋格拉菲特在禁区内闲庭信步，连过3名后卫和门将后用后脚跟把球送入网窝。

眼看大胜到手，马加特自然不会错失"报仇"良机。比赛最后阶段，他用替补门将换下了首发门将贝纳里奥以示羞辱，而贝纳里奥也颇为配合地在离场后和马加特握手致意。只是面对如此耻辱时刻，克林斯曼和他的球队又能说些什么呢？更何况还有一个更为强劲的对手在等待拜仁。

四天后，拜仁来到了西班牙诺坎普球场，这支"梦三巴萨"同样成为拜仁的梦魇——半场结束时巴萨便凭借梅西、埃托奥和亨利的进球以4∶0领先。好在下半场的巴萨放慢了进攻节奏，才没有进一步扩大比分。再到第二回合，虽然里贝里为拜仁扳回一球，但是凯塔的进球让拜仁最终以1∶5的总比分惨遭出局。

连续惨败让拜仁彻底迷失，就在联赛第29轮0∶1不敌沙尔克04后，拜仁高层终于解雇了克林斯曼。此时，如何拯救这支失魂落魄的球队？赫内斯找回了已是退休状态的老友海因克斯。最终，拜仁在联赛最后5轮4胜1平，以亚军成绩保住了欧冠资格，海因克斯教练在短暂的第二次执教拜仁便交出了一份如此傲人的成绩单。

再回顾拜仁在该赛季的深陷低谷，"菜鸟"主帅克林斯曼确实执教乏力，诸多核心球员更是在此时开始对俱乐部产生忧虑之情。其中，拉姆在接受《南德意志报》采访时曾如此表达痛心："如果要衡量拜仁和曼联、巴萨这样球队的差距，现在最大的问题就是没有自己的足球哲学和理念。各豪门都有传统战术系统，但是拜仁却不是如此。"

拉姆的公开发言无疑让拜仁高层震惊，并开出了俱乐部历史上最高罚单。不过所有人都知道，若不是对拜仁深深的爱，拉姆怎么会突然表达自己的心声？"我在慕尼黑成长，拜仁就是我的一切，所以我才开口这样说。我希望我们是一支在欧洲舞台有所作为的球队。"

最终，拉姆的行为反而获得了美好结果——拜仁高层开始审视自己并拉近了与拉姆的距离。"董事会要求我去解释自己

的言论，我当时坐在自己的位置上脑子一片空白。此时，赫内斯说收到了一瓶上好的白兰地，于是我们开始聊起白兰地，他还说以后要找机会喝一杯。'不过处罚决定已做出'，赫内斯和蔼地说。"

这场矛盾成了拜仁的历史转折。面对巴萨、曼联趁机求购，拉姆直接替俱乐部表达了拒绝："的确有球队对我感兴趣，但拜仁是我的家，我确信我们将走上正轨，我只愿和拜仁一起夺得欧冠而不是其他球队。"同时，拜仁高层也在思索：谁能带来真正属于拜仁的战术体系？谁能带领拜仁重回欧洲顶级的行列？于是，他们发现了荷兰人范加尔……

1951年8月出生于荷兰阿姆斯特丹的范加尔在球员时代曾效力阿贾克斯、皇家安特卫普、鹿特丹斯巴达等队，1986年在阿尔克马尔队便以球员兼助理教练的身份开始执教生涯。在1991年成为阿贾克斯主教练后，1992年赢得欧洲联盟杯、1995年赢得欧洲冠军杯，由此震撼了欧洲足坛。此后，范加尔还曾两度执教巴萨，并短暂执教过荷兰国家队。

不过，范加尔身上的争议色彩非常明显。他在调教战术、打造体系层面堪称顶级，更是擅长培养新人，阿贾克斯时期曾挖掘范德萨、德波尔兄弟、西多夫、克鲁伊维特等"荷兰王朝一代"球员，在巴萨时期则是普约尔、哈维、伊涅斯塔的伯

乐。不过，范加尔在管理层面强调铁腕手段且极为固执，很难相处的性格让各大豪门对他退避三舍，以至于他在2005年不得不又回到了阿尔克马尔队任教。

正是在阿尔克马尔队的4年执教，范加尔居然将这支缺乏历史底蕴的小球队带到了荷甲冠军的高度，由此再度得到诸多豪门的青睐。最终，拜仁高层成功把范加尔请到了安联球场。

不仅如此，在国内外赛场连续受辱后，拜仁高层还在2009年夏天再度打开银行账户，签下了戈麦斯、季莫什丘克、普拉尼奇、布拉夫海德等新援，并免费签下了自由身的奥利奇和鲍姆约翰。其中，自斯图加特以3000万欧元加盟的中锋戈麦斯打破了德甲转会费纪录。

不过，拜仁高层签下的诸多新援却未引起范加尔的兴趣，他的关注点反而在几名刚刚升入拜仁一队的青年才俊身上。对此，他不惜放走球队后防核心卢西奥（转至国际米兰，这笔交易留下了隐患），进而选择年仅20岁的巴德斯图贝尔，他自赛季伊始便担任首发中卫。同时，看不到机会的波多尔斯基、泽·罗伯托、博罗夫斯基等球员也同时离队，还有一名叫胡梅尔斯的小将因租借期表现不俗而被多特蒙德买断。

面对人员变化极大的球队，为了彻底掌控更衣室，范加尔在入队之初还做了一件颇具震撼的事情。据托尼后来回忆，"范加尔想让我们明白他很有种，可以从场上换下任何球员，无论球员有多么大牌。为了展示他是一个有种的男人，他就在我们面前把裤子全脱了下来。这太疯狂了，我从来没有经历过这种事情。"

只是范加尔或许也未想到，他来到拜仁的大胆尝试随即便遭遇当头一棒，球队在前三轮联赛仅2平1负，居然创下了43年来的最差联赛开局。于是，就在转会窗口即将关闭之际，志在补强的拜仁高层及时签下了又一位传奇球员——阿尔扬·罗本。

不同于里贝里的出身贫寒，1984年初，罗本出生于荷兰的一个运动世家，自幼便展现出明显高于同龄人的智商水平和运动天赋。他在7岁时开始学国际象棋，在业余联赛连续战胜300余名年龄相仿的棋手；9岁时接触网球，很快便在国内11岁年龄组比赛中夺得冠军，甚至得到了荷兰网球国家队助理教练的邀请。不过，罗本最终还是选择了最爱的足球。

自加入格罗宁根队青训营后，罗本在16岁时便完成了荷甲首秀，18岁时加盟荷甲豪门埃因霍温并带队赢得了联赛和超级杯的双料冠军。为了等待青梅竹马的女友完成学业，罗本直到2004年才登陆五大联赛并加盟了英超球队切尔西。然而，罗本凭借出色的首秀表现当选英超当月最佳球员后，伤病便成为他挥之不去的阴影。

在切尔西三年间，罗本仅在英超出场67次，出勤率不足六成。每当球队来到关键时刻，他却不得不挂起免战牌，最终引

发主教练穆里尼奥的不满，在2007年被送至皇马。此后，哪怕罗本曾随球队赢得西甲冠军，但是，当再度当选皇马主席的弗洛伦蒂诺于2009年夏天带着"银河战舰二期"重返伯纳乌时，罗本就此被列入清洗名单。

"有些事情是你需要知道的，你在生活中绝不能犯下错误，前往拜仁将是你一生中做出的最佳决定，你将成为伟大俱乐部的重要组成部分。在拜仁度过的职业生涯，将是你一生最骄傲的时光。"这是若干年后，罗本给16岁的自己写的一封亲笔信，他在信中毫不掩藏地表达出自己在2009年所做出的职业生涯最重要决定——加盟拜仁！

来到2009年8月29日，德甲第4轮，拜仁坐镇主场迎来了此前的苦主沃尔夫斯堡。上半场，拜仁凭借戈麦斯的进球暂时领先，中场休息后范加尔安排刚刚加盟仅1天的罗本迎来拜仁首秀；第63分钟，伤愈复出的里贝里同样替补登场，随即在第68和81分钟，罗本两度接到里贝里的妙传完成进球，帮助拜仁以3：0的大胜成功雪耻。

时至今日，罗本依然不会忘记拜仁首秀："那是我为拜仁的第一次登场，更何况是在安联球场。随后的一切你们都看

到了，替补登场，实现进球，那一切就像在做梦……"对拜仁球迷而言，这一切更是宛如梦境一般。特别是在罗本完成第二粒进球后与里贝里搂在一起庆祝的场景，让全世界从此叫响了一个名字——"罗贝里"！

虽然年龄仅差9个月，罗本和里贝里最初看上去就像两条不同世界的平行线。罗本出身体育世家，自幼便在体育领域展现傲然天赋；里贝里来自贫民家庭，儿时因车祸留下的脸上刀疤让他备受排挤。当罗本18岁在荷甲成为耀眼新星时，里贝里还在工地打工勉强度日；当罗本以高价加盟切尔西时，里贝里还在低级别球队刚刚起步。然而，足球让这两位天才在拜仁结下毕生之缘，安联球场让他们终于找到了属于自己的家。

再到联赛第5轮，拜仁客场面对老对手多特蒙德半场1∶1战成平局。中场休息后，范加尔同时换上里贝里和穆勒，将球队首次固定为4-2-3-1阵形，其中由穆勒出任前腰，奥利奇改任中锋，里贝里与罗本分居两翼。随即，拜仁在"罗贝里"的带领下掀起狂攻，下半场连进四球后以

5：1大胜终结了多特蒙德主场19场不败，并创造了"德国德比"的客场最大比分胜利。

不过，这场比赛的最佳球员并非"罗贝里"，而是替补登场的穆勒——不仅打入德甲处子球，还梅开二度超额完成了任务。正是这场比赛过后，这位与拜仁传奇球星盖德·穆勒同名的小将开始得到广泛关注。

1989年9月，托马斯·穆勒出生于慕尼黑郊外40公里的威尔海姆，这让穆勒自幼便成为拜仁死忠："从小就渴望为这支球队效力。"穆勒4岁时开始接触足球，不满11岁时进入拜仁青训营。此时，盖德·穆勒正担任拜仁青训教练，他迅速发现了这个与众不同的天才："托马斯是不可思议的球员，具有一名前锋所需的任何素质，特别是门前嗅觉令我惊讶。"

穆勒是幸运的，在成长阶段得到了德国历史最伟大射手的言传身教，进而产生了亦师亦友的深厚感情。盖德·穆勒毫无掩饰地称赞："这就是我的衣钵传人。"穆勒也带着敬重之情诚恳地说："他是我的榜样，我愿意接过他的衣钵……"自此，两代"穆勒"间的传承诞生了！

当然，好苗子需要慧眼的伯乐。在范加尔入主拜仁之初，时任青年队主教练格兰德向他推荐了三位年轻球员：穆勒、巴德斯图贝尔以及阿拉巴。接下来，哪怕初期带队成绩不佳，范加尔依然坚定重用穆勒。直至穆勒持续带来惊喜时，范加尔发表了那段经典言论："就算里贝里和罗本都是健康的，我的队伍也永远有穆勒的主力位置。"

"不是每名教练都能像范加尔似的对待刚出道的年轻球员，尤其是拜仁这样的俱乐部。因此，我永远感激他。"这是穆勒所表达的感激之情，不过穆勒征服范加尔的并非年龄，而是球商和天赋。范加尔对此解释："我首先考虑的是符合理念的队员，年龄从来都不是问题。穆勒是一名格外聪明的球员，在我的执教中从未遇到过。"

正源于此，范加尔赋予了穆勒充分且丰富的场上自由，而为其量身打造的4-2-3-1体系中的"3"，更是在"罗贝里"两翼之余找到最佳补充。"范加尔总是告诉我，让我按照自己的想法去发挥。"当穆勒紧随"罗贝里"正式踏上舞台，再加之施魏因斯泰格在被范加尔"妙笔生花"般改造为后腰后，拜仁终于找到正确方向，形成了属于自己的强大体系！

不过在2009—2010赛季上半程，拜仁的战绩却极不稳定。一方面在于罗本、里贝里等伤员的连续伤停影响严重；另一方面则是诸多新援、新人确实需要慢慢适应范加尔正在调试的崭新体系。在15轮联赛过后，拜仁凭借范比滕、巴德斯图贝尔先后贡献的绝杀才勉强赢了7场，而欧冠则是在小组赛两负波尔多，在最后一轮迎来了生死战——唯有客场击败尤文图斯才能出线。

面对背水一战，拜仁虽然开局便反客为主、气势如虹，但是中卫德米凯利斯自带的失误属性让球队在第20分钟便被特雷泽盖攻破了城门。好在破釜沉舟的拜仁并未慌乱，依然按照既定战术持续围攻。第29分钟，奥利奇为球队创造点球，已经取代伦辛成为主力门将的老将布特勇敢站了出来，冷静施射左下角为拜仁扳平了比分。这是布特职业生涯第3粒欧冠进球，此前两次的对手也均为尤文图斯。

在布特振奋人心的进球后，进入下半场的拜仁越战越勇、势不可当，奥利奇、戈麦斯和季莫什丘克相继建功，最终上演了4∶1的胜利大逃亡。在终结尤文图斯17场欧冠主场不败纪录的同时，拜仁由11号、22号、33号、44号球员同场分别进球的有趣场面更是前无古人，或许也后无来者。

这场史诗级的胜利，无疑是拜仁在这个赛季的分水岭。此后，有如打通任督二脉的拜仁把连胜纪录延续到了13场。联赛第29轮，少一人作战的拜仁在客场2：1击败沙尔克04后反超登顶，最终成功赢得了联赛冠军。不仅如此，拜仁还在德国杯半决赛凭借罗本加时赛的千里走单骑绝杀沙尔克04，后在决赛4：0大胜不莱梅，再度赢得了国内的"双冠王"。

那个时期的德甲联赛被外界认为已被英超等主流远甩身后，所以在欧冠赛场拜仁并不在夺冠热门之列。然而诚如《踢球者》所分析：在拥有"罗贝里"后，崭新的拜仁犹如插上翅膀般开始翱翔，不仅有了与各路豪门叫板的实力，更是在欧洲赛场开始重塑辉煌。

该赛季欧冠1/8决赛面对佛罗伦萨，拜仁先是凭借克洛泽的绝杀在主场2：1取胜，在客场总比分被反超为3：4时，天神下凡的罗本在众人防守中打入35米世界波，力助拜仁凭借客场进球优势而晋级。接下来，拜仁遇到了如日中天的英超豪门曼联，诸多媒体在赛前更是直接无视拜仁地认为：曼联已经提前预定了一个决赛名额。

果不其然，首回合来到安联球场的曼联开场两分钟便借助德米凯利斯的失误打破僵局。此后，拜仁扭转不利局面，曼联

则转攻为守。直至第77分钟，拜仁终于凭借里贝里在左侧23米的任意球破门扳平比分。不过比赛并未就此结束！补时最后时刻，替补登场的戈麦斯自中场强行突破，曼联后卫在禁区内断下球后尚未解围，奥利奇突然从右侧杀出完成抢断，随即持球进入禁区骗过门将低射得手，就此贡献绝杀。

来到次回合，首回合补时阶段防守戈麦斯受伤的曼联球星鲁尼并未像赛前"烟幕弹"所讲的遭遇伤停，而是带领球队首发出场。这般突如其来的变化让拜仁球员极度紧张，开场仅7分钟便让曼联两度攻破城门。第41分钟，纳尼的劲射一度为曼联把比分改写为3∶0！看上去，已被打得失魂落魄的拜仁难逃一场惨败。

关键时刻，奥利奇站了出来，他在半场结束前的小角度破门，让拜仁看到起死回生的希望。来到下半场，进入状态的拜仁彻底吹响反攻的号角。仅5分钟，里贝里的突破便让曼联后卫拉斐尔累计两张黄牌被罚出场。再到第74分钟，里贝里借助角球机会送出出人意料的助攻，在禁区线的罗本接球后不停球抽射，帮助拜仁逆转晋级！

这场比赛，留下了"罗贝里"连线的经典进球天外飞仙，也留下了"我还是支持拜仁慕尼黑"的动人解说。

接下来，拜仁在欧冠半决赛两回合4∶0轻松淘汰了法甲劲旅里昂——首回合是罗本的远射借助穆勒的干扰而打破僵局；次回合则是奥利奇上演了"帽子戏法"。然而，里贝里在首回合比赛中踩踏犯规，他不仅被红牌罚下，更被追加停赛，这让缺少了里贝里的拜仁在最终的决赛中遗憾败北……

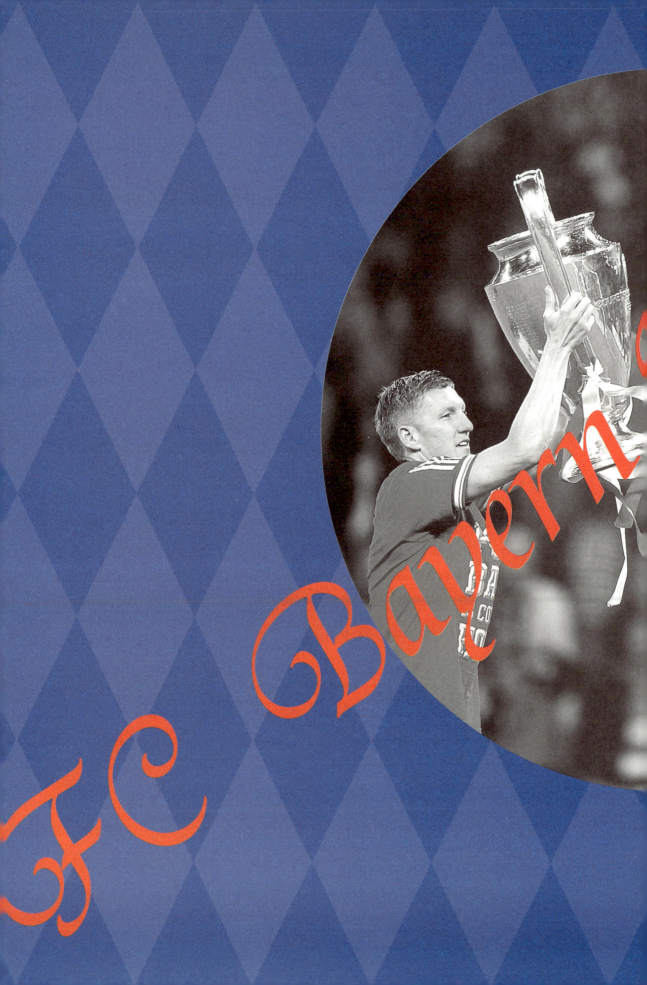

München

第七部分　涅槃　2010—2014

不坠凌云之志，队史首创三冠荣光

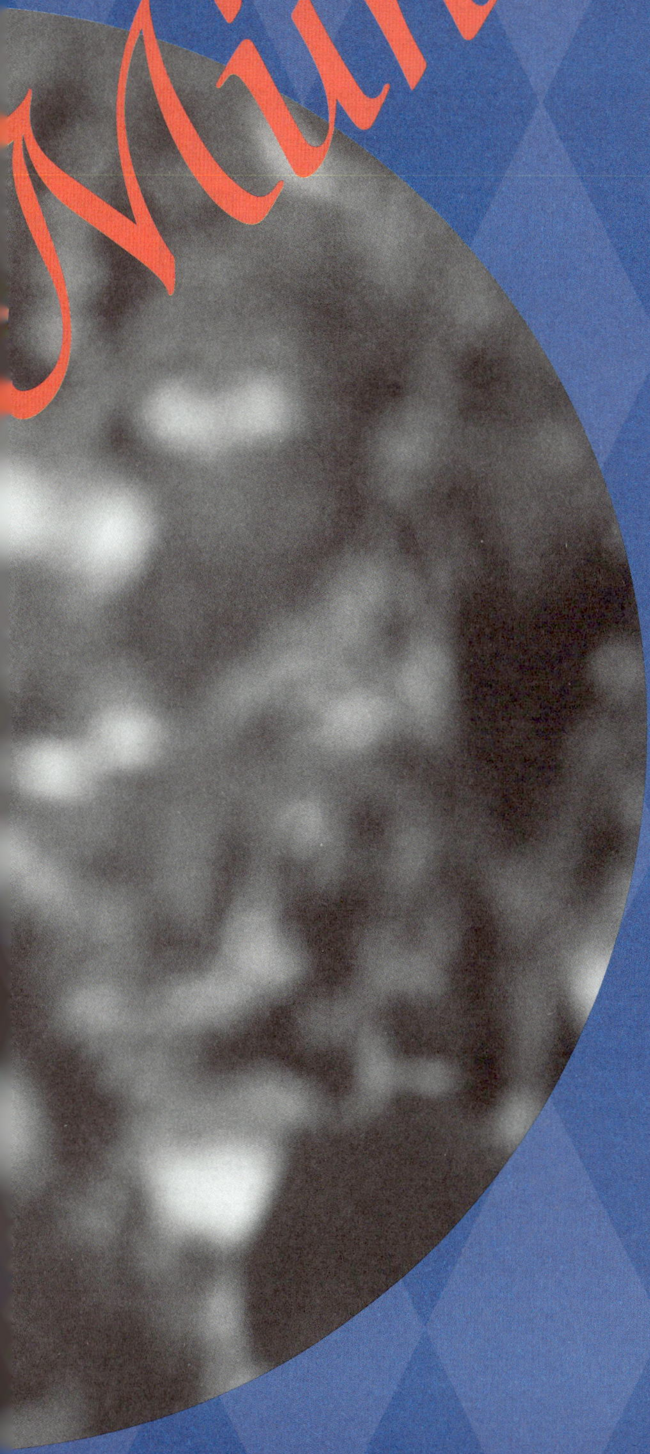

2009—2010赛季，崭新的拜仁虽然距离"三冠王"仅差一步，但那个时期的拜仁乃至德甲实在缺乏吸引力和竞争力，队内诸多顶级球员犹如此前的巴拉克，早已成为各路豪门的追随对象。除了本土才俊拉姆、施魏因斯泰格陷入转会流言，合同期仅剩1年的里贝里更是成为转会传闻的绝对主角。

其实，就在加盟拜仁之初，里贝里的经纪人和家人也都认为这不过是一次中转罢了。此后在欧冠比赛拜仁0∶4惨败巴萨时，里贝里更是动了离队的念头。不过，终于觅得复苏希望的拜仁怎能放弃建队核心？赫内斯下定决心要留下里贝里，在这期间还发生了一件在日后被无数次提起的趣事：皇马主席弗洛伦蒂诺打来电话磋商里贝里的转会事宜。"你身边有笔和纸吗？"赫内斯问。"有啊。""好的，请写下1和8个0吧！"随后，弗洛伦蒂诺的电话陷入沉默。

其实，拜仁当时对里贝里并非"强留"这么简单，而是对里贝里进行直通内心的支持与呵护。赫内斯表示："他是街头足球出身，成长环境并不理想，拜仁引进他的时候还被人笑话。但我们知道他比常人付出了更艰苦的努力，还知道要给他足够的信任和照顾。"因此，里贝里始终可以从球队高层得到心灵的慰藉。赫内斯经常请他及家人到家中做客，让里贝里感动地说："他对我就像父亲对儿子。"

在2009—2010赛季，里贝里先后陷入"雏妓门""罢训门"以及欧冠禁赛等困境，然而拜仁总是第一时间伸出援助之手，并坚定地维护里贝里。这一系列暖心行为，让里贝里最终甘愿为之肝胆涂地。2010年拜仁庆祝双冠王的典礼上，里贝里用德语公开表示将和球队续约五年，这让无数球迷激动欢呼。"我在拜仁学到了很多，也变成了另一个人。身边所有人，特别是赫内斯和鲁梅尼格在我困难时始终支持着我，这让我深受感动。"

随着里贝里选择留队，拜仁还在2010年夏天召回了此前租借在外且表现不俗的新星克罗斯。同时，在队内失去位置的伦辛、格利茨和莱尔离队，此前租借在外的托尼、索萨和尼德迈尔等人则正式离队。

回顾2010年南非世界杯，由一众青年

才俊组成的德国队震撼了足坛，这让保留核心框架的拜仁在新赛季备受期待。联赛首轮面对沃尔夫斯堡，新科世界杯最佳射手穆勒便打进联赛首球，施魏因斯泰格则贡献绝杀。不过，拜仁随即陷入低谷，先是第2轮0∶2不敌升班马凯泽斯劳滕，第5轮又一次不敌图赫尔麾下的美因茨队，第7轮则是客场0∶2不敌在克洛普麾下崛起的多特蒙德。

7轮过后，仅有5粒进球的拜仁不仅创下历史同期最差纪录，积分榜排名更跌至第12位，落后榜首多达13分，似乎早早便失去了卫冕希望。究其原因，严重的伤病潮导致范加尔无人可用，例如球队替补席一度只有4名球员。更致命的是，范加尔和俱乐部高层乃至更衣室的矛盾彻底爆发了。

其实，早在范加尔入队之初，极具个性的他便显示出和俱乐部高层的极不同步，甚至处处为敌。他多次公开指责赫内斯不应该干涉球队内部工作，并在接受采访时反讽批评球队表现的贝肯鲍尔已经不再是主席了。

同时，范加尔极强的统治欲和独裁的管理方式让球队内部备感压抑，训练场上没人会笑，时刻都感到很紧张。更糟糕的是，范加尔和同样极具个性的球员里贝里、托尼等人水火不容。在任期间，范加尔曾建议球队高层卖掉不听话的里贝里，而托尼则是直接怒而离队，后来托尼在2015年以38岁的"高龄"刷新了意甲联赛

最年长的金靴奖纪录。

不难看出，拜仁自内而外愈演愈烈的矛盾已经难以调和。2010年11月，拜仁在联赛凭借拉姆的进球3：3绝平"副班长"门兴后，范加尔在更衣室持续咆哮了4分钟，而低着头的球员则与主帅远远隔着，可见球队的内部氛围已经降至冰点。

在此期间，赫内斯再度向范加尔"开炮"："他是一个难以接近的人，压根没办法交流，因为他从来就不会听取别人的意见。但你必须明白，俱乐部可不是你的私有财产。"对此，范加尔则反批赫内斯一手遮天："执教拜仁是我经历过的最困难的工作。在我执教拜仁的第二个赛季，赫内斯一直希望我'下课'，俱乐部主席拥有过大的权力并非好事。"

进入冬歇期，拜仁在人员层面做出调整，小将阿拉巴租借至霍芬海姆锻炼，拜仁则从该队引进巴西后腰古斯塔沃，球队两名后卫德米凯利斯和布拉夫海德则相继转会。此后，队长范博梅尔转会AC米兰，南非世界杯前已经升任德国国家队队长的拉姆则众望所归地接过了拜仁的队长袖标。

看上去，拜仁似乎有了新的气象。来到后半程首场1：1战平沃尔夫斯堡的比赛，范加尔甚至开始起用年轻门将克拉夫特顶替布特首发。此后，球队在联赛层面取得3连胜，但是这些表现根本无法改变球队的内忧外患——就在拜仁客场3：1战胜

不莱梅的比赛中，拉姆首次以队长身份亮相，抢戏的却是罗本，因为争抢任意球主罚权，罗本竟一拳挥向穆勒。

客场对阵科隆，戈麦斯和阿尔滕托普的进球让拜仁在上半场就取得了两球优势，却不想中场休息成了比赛的分水岭。科隆在波多尔斯基的带领下发起反攻，克莱门斯扳回一球后，诺瓦科维奇梅开二度逆转了比分。比赛结束，拜仁球员捂着脸走回更衣室，波多尔斯基则手执队旗带队庆祝。

庆祝过后，波多尔斯基曾跑向客队休息室试图安慰好友施魏因斯泰格，可敞开的大门里只剩下几条用过的毛巾——这场失利，多少激起了拜仁球员的斗志，此后拜仁连续击败霍芬海姆和美因茨队，又在欧冠1/8决赛首回合，凭借戈麦斯的客场绝杀以1：0战胜国际米兰占得先机。不过，这只是拜仁在范加尔时期的最后高光。

此后回到联赛赛场，带着这波3连胜信心的拜仁在主场再遇老对手多特蒙德，如能取胜的话可将积分差距缩小到10分，那么还可以看到一丝争冠的希望。却不想事与愿违，拜仁1：3多特蒙德，拜仁20年来首次在主场不敌多特蒙德，四天后又在德国杯被沙尔克04淘汰出局，再过三天后则在联赛不敌汉诺威96队，被对手在积分榜甩开多达5分。

拜仁只能目送年轻的"大黄蜂"多特

蒙德提前夺得德甲冠军，以及传奇球星劳尔领衔的沙尔克04再夺德国杯，而跌至联赛第4的战绩只能为欧冠名额而战。只是更严重的打击紧随而至，在对阵国际米兰的欧冠第二回合，上半场比赛还以2∶1（总比分3∶1）领先的拜仁不断挥霍机会，在罗本、范比滕连续伤退后被潘德夫绝杀而惨遭出局。

此时，拜仁官方已宣布范加尔将在赛季末离队，但是日趋严重的危机让范加尔未能坚持到最后。就在联赛仅剩5轮时，范加尔提前"下课"，助教容克尔被任命为过渡主帅。此时面对"救火"重任，容克尔复制了两年前海因克斯的轨迹，4胜1平，还取得了创客场最大比分纪录的8∶1

大胜，拜仁最终以季军的成绩保住了欧冠资格，戈麦斯获得德甲金靴成为球队唯一的收获。

平心而论，范加尔在拜仁的执教虽然不足两年便遗憾出局，但他为拜仁带来的绝对质变和体系根基，让拜仁步入了重返世界之巅的正确轨道。对此，赫内斯也在多年后坦言："范加尔改变了拜仁的足球，是拜仁控制型打法的奠基者，海因克斯和瓜迪奥拉都是在他的基础上进行提升。我们时至今日仍从范加尔的理念中受益。"后来范加尔与赫内斯冰释前嫌，他表示："赫内斯是拜仁历史上最重要的人物之一，我对你在拜仁取得的成就表示高度敬意。"

第二章

坚韧队长

就在范加尔离任之前，拜仁便已经敲定了新的主帅——海因克斯！

这是海因克斯第三次接过拜仁教鞭。在2009年"救火"成功后，海因克斯转至勒沃库森任教。在这支德甲劲旅，海因克斯继续展现他的执教才华，首个赛季便以开赛季24场不败创造了历史纪录，第二个赛季则带队在战绩方面力压拜仁获得联赛亚军。如此战绩，让赫内斯等拜仁高层终于明白，原来最合适的主帅人选就在他们的身边。

就在迎回海因克斯的同时，拜仁针对阵容的薄弱点进行了重点升级。其中，克拉夫特、奥特尔、阿尔滕托普以及克洛泽为了得到更多的出场机会选择自由身离队，德乙最佳射手彼得森成为戈麦斯替补，为了提升球队的防线，拜仁引进了来自曼彻斯特城队（简称：曼城）的德国国脚博阿滕、在意甲有所低迷的沙尔克04前边后卫拉菲尼亚。

当然，新援中最为引人注目的当数德国国家队守门员诺伊尔。

1986年3月出生于鲁尔区盖尔森基兴的诺伊尔，自幼加入沙尔克04青训营，并师从著名的青训门将教练马图沙克。据介绍，年少的诺伊尔不仅在门线技术上出类拔萃，还展现出独有的创新意识，总是习惯在训练过后单独加练脚下技术。马图沙克称赞："诺伊尔自幼便试图把守门艺术提升到一个新的高度和风格。"

在2006—2007赛季成为沙尔克04主力并获得该季德甲最佳门将后，诺伊尔不断提升，在2010年世界杯的首次大赛之旅便震撼足坛。此后，加盟德甲豪门拜仁无疑成为诺伊尔的不二选择，哪怕他曾多次向沙尔克04表达忠心，哪怕曼联等豪门同样发来邀请，哪怕拜仁球迷曾在看台打出抵制横幅，但是诺伊尔还是被赫内斯和鲁梅尼格的邀请所感动，最终泪洒新闻发布会："我用了很长时间做出这艰难决定，我希望迈出职业生涯的下一步。"

2011年6月1日，拜仁宣布诺伊尔加盟球队，含附加条款的转会费为2500万欧元。诺伊尔在社交媒体表达了自己的心情："我喜欢巴伐利亚的舒适感，当清晨的第一缕阳光洒下时，这里的人就在街上活动了。"然而，迎接诺伊尔的并非一帆风顺。在代表拜仁的德甲首秀中，他便因与博阿滕的配合失误而让球队遭到门兴的痛击。

好在拜仁很快便展现出极强战斗力和崭新面貌——海因克斯教练在前任留下的战术基础上不断修补和完善，让球队展现出比范加尔时期更为强大的战斗力。于是，就在第二轮联赛凭借古斯塔沃的绝杀战胜沃尔夫斯堡后，海因克斯教练带领拜仁在各条战线豪取10连胜，并且一球未失。此后，直至拜仁在欧冠第三轮1∶1战平那不勒斯，诺伊尔连续12场的不失球纪录才遭到终结。

出色的战绩，映衬出拜仁的内部氛围彻底好转，这自然离不开海因克斯教练的威望和魅力。他曾邀请全体球员到自家农场做客，安排助教询问里贝里是否接受被换下场，在博阿滕完成首球后信守诺言请他吃饭……

特别是针对个性极强的里贝里，犹如慈父的海因克斯给予了无限包容，甚至告诉他随时可以放假，只要比赛日能助队赢得比赛。"有时我会跟家人抱怨，里贝里和罗本真的很难管。我妻子回答我：'你年轻时也好不到哪去。'"对此，多年后，里贝里在海因克斯生日时深情地表示："你教会了我在球场上该如何踢球，

你也教会了我生命的道理！"

2011—2012赛季的上半程，拜仁在各条战线的表现可圈可点：联赛夺得半程冠军，斩获16粒进球的戈麦斯领跑射手榜；欧冠在曼城、那不勒斯和比利亚雷亚尔队的"死亡小组"中提前一轮锁定头名，老门将布特完成了欧冠最后一次出场；德国杯也是顺利晋级8强。

然而冬歇期过后首场比赛，诺伊尔的解围球失误让拜仁再度不敌门兴，由此成为赛季转折点。反观在欧冠小组出局的多特蒙德，则在联赛后半程开启不败模式，渐渐在积分榜上反超拜仁。直至第30轮"德国德比"，两队在多特蒙德主场威斯特法伦球场迎来了"天王山之战"。

这是一场激烈的攻防大战，拜仁看似控球方面占优，但是对抗数据却明显处于下风。比赛第77分钟，该赛季晋升为多特蒙德主力中锋的莱万多夫斯基打破僵局。8分钟后，罗本接里贝里直塞后插入禁区被多特蒙德门将魏登费勒扑倒。然而，罗本主罚的点球被魏登费勒牢牢抱在怀中，多特蒙德中卫苏博蒂奇随即冲上前对着罗本怒吼，成为德甲经典画面之一。

这场比赛过后，拜仁在联赛积分榜已被多特蒙德甩开6分，最终只能看着对手提前两轮夺冠。不仅如此，一个月后的德国

杯决赛再战多特蒙德，冲击冠军的拜仁甚至遭遇一场2：5的耻辱之战，莱万多夫斯基在这场比赛上演帽子戏法。正是这个赛季，多特蒙德成为近30年来首支单季三次击败拜仁的球队，并连续两年把拜仁压在身下。

只是对拜仁而言，这个赛季的痛苦并非局限于此。

欧冠赛场，拜仁在淘汰赛先后两回合7：1大胜巴塞尔队、4：0大胜马赛队后进入四强，半决赛与穆里尼奥执教的老对手皇马相遇。首回合比赛上半场，里贝里借助角球机会为拜仁先拔头筹，纵然下半场伊始皇马扳平了比分，但戈麦斯在最后时刻接拉姆传球后完成绝杀，力助拜仁2：1拿下胜利。

次回合比赛，皇马球星克里斯蒂亚诺·罗纳尔多（简称：C罗）开场15分钟便借助争议点球和越位进球梅开二度，但是拜仁随即展开反攻，罗本通过点射扳平总比分。最终，历经两回合210分钟对决后，诺伊尔在点球大战横空出世，前两轮接连扑出C罗和卡卡的点球，阿拉巴和戈麦斯则稳稳罚入。第4轮，拉莫斯发力射门高出横梁，随后出场的施魏因斯泰格稳稳命中，拜仁成功晋级决赛！

在2005年和2010年两度不敌穆里尼奥的球队后，拜仁终于在欧冠赛场实现翻身。点球大战时一度下跪的穆里尼奥赛后再掀口水战："我们才是更好的球队，拜仁获得的点球是不存在的。"这一次，赫内斯直接回怼："我们曾在欧冠决赛输给穆里尼奥，输就输了，技不如人，来年重新开始。怎么这次轮到穆里尼奥输球就不行了？似乎他的冠军都是夺的，别人的冠军都是偷的。"

可惜的是，这个赛季的欧冠冠军注定不属于拜仁。哪怕拜仁在安联球场进行的决赛中占据绝对优势，但是半决赛击败皇马似乎耗尽了所有好运，全场比赛轰出43次射门，仅有穆勒在下半场第83分钟通过头球完成唯一进球，却不想德罗巴在比赛结束前扳平了比分。进入加时赛，罗本又射失了里贝里用重伤代价换来的珍贵点球。直至点球大战，安联球场的门柱又在第5轮挡出了施魏因斯泰格的射门。

当德罗巴完成制胜点球后，三年内第二次欧冠决赛失利的痛楚让拜仁球员纷纷瘫倒在地。不过，这场刻骨铭心的失败，却为世界足坛留下了一个伟大的瞬间——此时，仍有一个身影依然坚定地屹立在球场上，始终未向失败屈服，未向命运屈服。因为他知道，他是拜仁的队长，他绝不能倒下……

是的，拜仁没有倒下，因为他们的队长拉姆没有倒下。

第三章

凤凰涅槃

痛失欧冠冠军后，身受重伤的里贝里没有参加赛后宴会，而是在安联球场地下室痛哭至第二天凌晨；射失点球的罗本无法掩饰痛楚，甚至产生离队的念头："输掉两次欧冠决赛后，我曾以为永远无法捧杯了。"

只是诚如拉姆所言："那些伤痛，那些泪水，只会让我们变得更加强大。"失败的痛楚并没有击倒拜仁，球员恨不得赛后第二天就进入新赛季的备战训练。于是，当球队新赛季再度集结，整体的精神面貌焕然一新。罗本后来在写给16岁自己的亲笔信中如此描述："大家重新回来时，你会有一种感觉，和过往不一样的感觉。这次实际上不仅是一种感觉，而且是一种精神。每个人都想着同一件事情——复仇！"

为了完成复仇，拜仁针对阵容再度升级。门将布特退役，奥利奇、普拉尼奇、彼得森等球员离队；来自霍芬海姆的门将施塔克接替布特担任替补门将，来自门兴的中卫丹特、来自巴塞尔的"瑞士梅西"沙奇里以及在欧洲杯表现出彩的克罗地亚中锋曼朱基奇有力提升三条线，老将皮萨罗的回归还为锋线增加了更多选择。此外，名宿萨默尔在这年夏天成为拜仁新任体育主管。

待到2012—2013赛季开启，海因克斯麾下的最后冠军拼图——西甲联赛抢断王哈维·马丁内斯，在转会窗口关闭前的最后时刻正式加盟。

马丁内斯是海因克斯教练坚定要求签下的球员，但是加盟过程并不顺利。据《德国足球转会市场》估计，当时马丁内斯的身价为3000万欧元，这也是拜仁愿意支付的转会价格，可是毕尔巴鄂竞技队咬定4000万欧元违约金条款不松口。最终，马丁内斯自愿在5年合同中每年降薪200万欧元，由此补齐了1000万欧元差价："拜仁是全世界最好的球队之一，我始终期待为这家拥有非凡历史的俱乐部效力。我为此已等了很久，这份等待终于结束了！"

在签下马丁内斯后，阵容更为齐整、更具深度的拜仁在赛季伊始便展现出势不可当的实力，创造了开局8连胜的德甲最佳纪录，早早便把多特蒙德甩在身后。最终，整个赛季拜仁拿下29场胜利，仅有1场失利，创纪录地提前6轮夺取了德甲第50个赛季的冠军。此外，拜仁还在德国杯赛场过关斩将，最终凭借戈麦斯在决赛的"帽子戏法"击败斯图加特成功夺冠。

当然，对于此时的拜仁而言目标绝非如此——欧冠冠军，才是未完成的梦想！

在小组赛首轮拿下瓦伦西亚后，拜仁虽然在第二场比赛意外负于"鱼腩球队"鲍里索夫队，但随后两胜里尔回到正轨。特别是主场6：1大胜里尔的比赛中，老将皮萨罗完成欧冠联赛历史上第三快的"帽子戏法"，队长拉姆则贡献了助攻"帽子戏法"。最终，在末轮拿下鲍里索夫队后，拜仁以小组头名顺利晋级。

进入淘汰赛，有些大意的拜仁在1/8决赛险在主场被阿森纳逆转（两回合3：1、0：2晋级），但是此番敲响的警钟反而提升了球队的专注度和危机感。接下来面对意甲冠军尤文图斯，虽然克罗斯遭遇重伤而赛季报销，但是重回主力阵容的罗本彻底爆发，两场非常沉稳的2：0胜利证明拜仁已经彻底展现王者之相。此时，外界开始审视海因克斯麾下这支趋向完美的拜仁。

诺伊尔已成长为世界最佳门将，在海因克斯麾下明确为左后卫的阿拉巴持续保持令人惊喜的表现，让拉姆终于拥有非常完美的边卫搭档，丹特搭档博阿滕的防线日益稳固，创下单季仅失18球的历史最佳纪录。再看4-2-3-1体系下，"罗贝里"的两翼齐飞是主攻方向，施魏因斯泰格的调度和组织堪称顶级，巴斯克骁将马丁内斯提供了急需的中场硬度和防线保障。至于锋线，精于跑位的穆勒和善于抢点的曼朱基奇提供了强大火力。

进入欧冠半决赛，拜仁遇到了梅西领衔的巴萨，这支巴萨曾在2009年4球大胜拜仁。在过往4年，巴萨两次赢得欧冠冠军，其中还包括1次"六冠王"和1次"五冠王"。毫无疑问，此次相遇顿时成为世界足坛关注的焦点，被视为"火星撞地球"般的强强对决。

然而当比赛真正打响，外界才发现登场的两支球队根本不在一个档次。因为拜仁实在太强了！

首回合比赛在安联球场进行，穆勒梅开二度加之罗本和戈麦斯的进球，拜仁在主场4：0大胜巴萨；次回合比赛来到诺坎普，拜仁的疯狂攻势根本停不下来，罗本内切破门，里贝里制造皮克乌龙，穆勒最后时刻的头槌破门把总比分锁定为7：0。击败"梦三"巴萨的拜仁甚至被媒体称赞为"新宇宙队"。

2013年5月25日，欧冠决赛在伦敦温布利球场打响，拜仁迎来了老对手多特蒙德。可谓旧恨新仇凝聚在一起，没有任何适应和缓冲，拜仁开局便展开全方位的猛攻，而不甘示弱的多特蒙德还以颜色，于是这场比赛凭借疯狂对攻载入了史册，堪

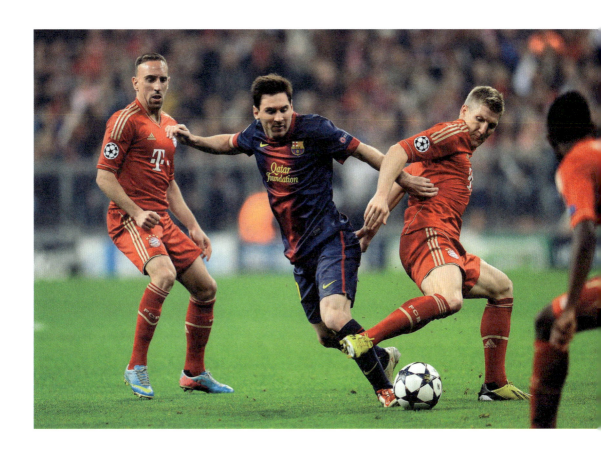

称历史上最为精彩的欧冠决赛！

　　上半场比赛双方门将接连贡献神勇扑救后，拜仁在比赛第60分钟打破僵局。里贝里左路吸引围抢后送出直塞，罗本快速插上，面对出击的魏登费勒横传门前，后点的曼朱基奇面对空门轻松得手。不过仅过了7分钟，拜仁防线出现失误，丹特在防守中不慎踢中罗伊斯被判点球，京多安随即射入球门右下角，1：1平。

　　眼看欧冠决赛胜利似乎又要溜走，拜仁球员在最后时刻焕发最强斗志，对多特蒙德球门展开连续冲击。在连续错失良机后，"温布利先生"罗本在比赛第89分钟时站了出来，接到里贝里妙传后持球突入禁区，面对出击的魏登费勒完成了职业生涯最重要的进球，而身后的苏博蒂奇却只能眼看着这一幕的发生……

　　仅一年时间，从"三亚王"到"三冠王"，拜仁告别耻辱走向了辉煌！

　　你是否还记得那个安静却动人的镜头——欧冠颁奖典礼过后，罗本和"小猪"静静坐在草坪的拜仁队旗上。时光的

镜头记住了这个伟大瞬间，繁华过后，曲终人散，不知当时的罗本在想些什么。一年前，正是他们先后罚失点球导致拜仁错失冠军；一年来，耻辱的标记曾让他们几乎无法抬头；一年后，来时的路成为映衬他们终获成功的绚丽背景。

　　"拜仁从来不会一蹶不振，而是将悲伤转化为动力，这就是我们成功的关键。我们始终未曾忘记在慕尼黑失利的情景，最终在伦敦让一切都转变为了美景。"如拉姆在赛后的情感表达，正是这般凤凰涅槃、王者崛起的傲人过程，让我们看到了拜仁精神——这是失败苦痛后燃起的昂扬斗志，这是不屈意志下唤醒的坚忍不拔，这是追求成功中激发的舍我其谁，这更是拜仁球迷为之自豪的伟大所在，更是"MIA SAN MIA"响彻云霄的历史永恒。

第四章

变身传控

凭借带领拜仁夺得历史首次"三冠王"，海因克斯成功当选2013年世界最佳教练。不过，功成名就的海因克斯此时已经急流勇退、告老还乡——来自西班牙的名帅佩普·瓜迪奥拉在2013年夏天接过拜仁教鞭。

"赫内斯，你要是实在找不到人，我就接着干。要是找到了，我就走了。"如此轻描淡写的话语，却展现出海因克斯教练对拜仁那份淳朴的挚爱。在2013年初，就在拜仁的赢得"三冠王"之前，拜仁管理层便明确了海因克斯教练在该季结束后的退休计划，毕竟这一年的他已经68岁。

当然，拜仁做出这般抉择，更重要的原因在于球队击败多个竞争对手后成功签下了新主帅瓜迪奥拉。"瓜迪奥拉是当今足坛最优秀的教练之一，我们相信不仅是拜仁，整个德国足球都会因为他的到来而获益。我们期待2013年7月的到来。"随着鲁梅尼格发表感言，拜仁官方在2013年

1月公布了赛季结束后的换帅决定。

作为巴萨"梦三"时代的功勋主帅，瓜迪奥拉执教的首个赛季便带领巴萨成就了史无前例的"六冠王"。此后4年间，瓜迪奥拉在巴萨共夺得14座冠军奖杯，包括3个西甲冠军和2个欧冠冠军。不仅如此，他所推崇的以控球为核心理念的"Tiki-Taka战术"更是享誉全球。

2012年离开巴萨后，瓜迪奥拉选择休息一年，这让切尔西、曼城等多支豪门纷纷发出执教邀请。最终，拜仁高层的速战速决赢得了"抢瓜大战"。对此，瓜迪奥拉表示选择拜仁的原因是："我需要新的挑战，拜仁给了我这样的机会。"

只是拜仁在和瓜迪奥拉签约时未曾想到，海因克斯最终交给瓜迪奥拉的可是一支"三冠王"的王者之师。继续秉持前任的成功体系，还是推动自己的独到战术？这是瓜迪奥拉接手拜仁后必然面对的首要问题，也是无数媒体率先抛给瓜迪奥拉的敏感话题。

"我的想法是，球队已经很出色，我们不会只是为了改变球队而改变。"瓜迪奥拉虽然这般表态，但是待到新赛季首场正式比赛，即德国超级杯对阵多特蒙德开战时，外界发现拜仁果然变阵为瓜迪奥拉所精心打造的4-1-4-1新阵形，并由

刚刚加盟的蒂亚戈出任单后腰。可想而知的是，这般重攻轻守的布局明显暴露缺陷，2∶4的失利让拜仁在2013年首次痛失冠军。

不过随着联赛开启，瓜迪奥拉麾下的拜仁依然展现出强大的实力根基，特别是外界发现瓜迪奥拉已经为拜仁渐渐融入了传控足球的精髓。在联赛3胜1平开局后，拜仁在欧洲超级杯迎来了又一场复仇之战——欧联杯冠军切尔西！由于此时的切尔西刚刚请回穆里尼奥重新执教，让这场在捷克首都布拉格打响的欧洲超级杯比赛有了"瓜穆相看"的新话题。

仇人相见，分外眼红。拜仁开局后便展开了疯狂攻势，却不料仅8分钟，切尔西就打出快速反击，由托雷斯打破比赛僵局。如同此前在西甲赛场面对瓜迪奥拉，穆里尼奥麾下的切尔西此后全线死守，而掌控球权的拜仁则把战火彻底蔓延到切尔西的半场。直至下半场，刚刚当选欧洲年度最佳球员的里贝里在25米外右脚突施冷箭，帮助拜仁扳平比分。

此后，场上又现关键转折。拜仁新援格策带球突破时被拉米雷斯踹倒在地，后者两黄变一红被罚出场。随后进入加时赛，切尔西仅开场3分钟再度打出反击威胁，阿扎尔在快攻中低射得手，少一人的切尔西再度领先。接下来，破釜沉舟的拜

仁几乎将切尔西全队压在禁区之内，可惜依然就是过不了切尔西门将切赫这一关。

关键时刻，英雄诞生！补时阶段，阿拉巴从左路把球送进禁区，曼朱基奇和丹特连续顺势用脚一垫，无人防守的马丁内斯左脚打入近角，拜仁奇迹般扳平比分！最终，两队进入点球大战。这一次，双方在前4轮弹无虚发。第5轮，沙奇里的低射被切赫扑了一下后仍然滚入球门；随后，此前四次全部扑向右路的诺伊尔突然换了方向，成功扑出卢卡库的射门——时隔一年，拜仁完成复仇！

赛后又曝争议，穆里尼奥把球队的失败原因归结于裁判"错误"把拉米雷斯罚下，甚至指责格策假摔。慢镜头却显示，拉米雷斯直接踹到格策的脚踝与小腿上，导致腿部变形的格策惨叫后翻身倒地，诊断结果则显示格策左脚踝部位关节囊撕裂，不得不伤停一个月。对此，拉米雷斯在赛后公开向格策道歉。

在赢得欧洲超级杯后，拜仁在各条战线战无不胜，欧冠以小组头名顺利出线，联赛则牢牢占据榜首位置，并在年底击败广州恒大队和卡萨布兰卡希望队后赢得世俱杯冠军，由此在2013年以5项冠军的成绩刷新了历史最佳纪录。

唯独令人愤怒的是，由于国际足联人为地更改规则和程序，导致里贝里在年度的金球奖评选中即便记者投票高居榜首，最终却只是位居第三名，这让里贝里愤怒地表示："这就像偷窃，很不公平。"对此，赫内斯更是怒斥："如果金球奖不属于里贝里，那就是个垃圾。"

不过，此时的赫内斯却陷入了另一个麻烦，那就是无法回避的税务丑闻让他在2014年4月被判入狱3年6个月。不过，这依然无法改变外界对赫内斯的敬重和支持。因为该案件量刑尺度与大众认知不符，判决出现后诸多足球界人士为赫内斯鸣不平，甚至还有球迷游行抗议。此后，瓜迪奥拉、里贝里等有情有义的拜仁将士先后到监狱看望赫内斯。

好在赫内斯的离职并未实际影响到球队，早在3月底，拜仁击败柏林赫塔后提前7轮蝉联德甲冠军。拜仁不仅创造了提前夺冠纪录，更是成为德甲历史上首支在3月便夺冠的球队，以至于德国媒体打趣道："德国北部的雪还没融化，拜仁便已经夺冠了。"

欧冠层面，拜仁进入淘汰赛后依然展现强大战力。1/8决赛对阵阿森纳，客场2∶0轻松取胜。回到主场后拜仁1∶1战平阿森纳，留下了两位进球者的名字：第54分钟，施魏因斯泰格；第57分钟，波多尔斯基。谁能想到，这是两人最后一次以对手身份同场竞技，赛后的镜头跨过球场定格在"波尔蒂"和"小猪"身上，他们彼

此望着对方的脸——岁月或许带来容颜的改变，但是笑容仍是那般甘甜。

在1/4决赛两回合4∶2击退"后弗格森时代"的曼联后，拜仁在半决赛与老对手皇马相遇。毫无疑问，哪怕首回合比赛做客伯纳乌，瓜迪奥拉麾下的拜仁依然不改本色，以传控体系发起层层攻势。但是，时任皇马主帅安切洛蒂已有准备，看似把主动权交由拜仁，其实是有针对性的快速反击，进而皇马在首回合凭借本泽马的进球以1∶0占据先机。

次回合比赛，瓜迪奥拉摆出更加侧重进攻的阵容，而皇马的防反战术则更为彻底。如瓜迪奥拉赛后回忆："看到曼朱基奇和穆勒开场就凶猛地前场拼抢，但是皇马球员却收在己方半场从容倒脚，我就有了一股不好的预感。"果不其然，拉莫斯与C罗双双梅开二度，"瓜式拜仁"耻辱出局。

带着欧冠的遗憾，所幸拜仁在德国杯决赛未再犯错。在进入加时赛后，罗本和穆勒相继给予多特蒙德致命一击，这让瓜迪奥拉的首个拜仁赛季以国内"双冠王"结束，而拜仁球员则迈着胜利的步伐踏上了世界杯赛场。

München

WINNERS
IONS LEAGUE 2019/20

第八部分 神迹 2014—2022

助教力挽狂澜，拜仁再登欧洲之巅

第一章

九五至尊

2014年世界杯，属于德国队，也属于拜仁！

在半决赛7：1大胜东道主巴西队后，决赛中多达7名拜仁球员出场的德国队，凭借格策的制胜进球战胜阿根廷队，让大力神杯时隔24年后再度回到德国队的怀抱。不仅如此，带领荷兰队拿到季军的罗本表现惊艳，而范比滕以比利时队主力身份征战后正式退役，诺伊尔则首次诠释了"门卫"的含义。唯独里贝里因法国队庸医的治疗而无缘参赛，只能看着拉姆等人在"神医"沃尔法特的帮助下捧起了冠军奖杯。

世界杯过后，拜仁阵容也发生了新的改变。曼朱基奇、克罗斯、孔滕托等球员离队，贝尔纳特、雷纳、罗德以及莱万多夫斯基穿上了拜仁战袍。显然，最耀眼的，莫过于刚刚赢得德甲金靴的波兰中锋莱万多夫斯基。

1988年8月，莱万多夫斯基出生于波

兰的体育世家。天赋出众的他自幼选择了足球，16岁时加盟波兰豪门华沙莱吉亚队，然而仅踢了一个赛季后便因过于瘦弱被扫地出门。尚不满18岁的莱万多夫斯基并没有放弃，自波兰第三级别联赛球队普雷斯科夫队开始出发，先后获得波丙和波乙联赛金靴。在2008年加盟波兹南莱赫队后，首个波甲赛季就被评为最佳新人，第二个赛季更是获得波甲最佳射手。

在征服波兰各级别赛场后，慧眼识珠的克洛普在2010年把莱万多夫斯基带到多特蒙德。虽然首个赛季枯坐替补席，但是莱万多夫斯基在第二个赛季便凭借出

色表现上位，还在德国杯决赛上演"帽子戏法"，帮助球队赢得队史首个"双冠王"。2012—2013赛季，莱万多夫斯基跟随"大黄蜂"在欧冠赛场持续展现黑马本色，半决赛面对皇马上演了"大四喜"，气得皇马中卫佩佩怒喊："你进够了没有？"

赛季结束后，莱万多夫斯基在多特蒙德高层的坚持下选择留队，以最佳射手的表现完成末年合同后，在2014年夏天来到了拜仁。为什么是拜仁？多年后莱万多夫斯基回忆刚到拜仁时的感受："当我穿上拜仁球衣，我首次感到自己是豪门俱乐部中的一员。我很自豪为拜仁而战，这是冠军之师，无论是德甲、杯赛还是欧冠，这是我选择拜仁的原因。我要为冠军奋斗，所以一直留在拜仁。"

莱万多夫斯基加盟拜仁的首场比赛便是德国超级杯对阵老东家多特蒙德，最终的结果是拜仁0：2败北，刚刚被瓜迪奥拉树为防线核心的马丁内斯更是遭遇重伤而近乎赛季报销。对此，拜仁赶在转会窗口关闭前，自罗马签下意甲最佳中卫贝纳蒂亚，自皇马签下中场球星阿隆索。

然而，这样一场意外，注定了"伤病"将成为拜仁在该赛季的头号劲敌。前半程，拜仁在各条战线依然强势，联赛14

胜3平的战绩以11分的优势领跑积分榜，仅4个失球则刷新半程最低纪录，欧冠赛场力压曼城以小组头名出线，此间甚至还有客场7：1大胜罗马队的精彩表现。

只是冬歇期过后，拜仁有8：0汉堡、6：0帕德博恩队、7：0顿涅茨克矿工队等大胜，并在联赛提前4轮力压沃尔夫斯堡夺冠，但是连续的球员伤停却已成为无法摆脱的魔咒。里贝里、罗本、拉姆、阿拉巴、巴德施图贝尔、罗德相继挂起免战牌，以至于瓜迪奥拉与医疗团队发生冲突，"神医"沃尔法特怒而辞职。

所幸伤停371天之久的蒂亚戈及时复出，在欧冠1/4决赛先是客场完成进球为球队保住晋级希望（拜仁1：3波尔图队），后在主场首开纪录，带领拜仁以6：1大胜波尔图队逆转晋级。可惜来到半决赛时，严重缺兵少将的拜仁不是巴萨"MSN组合"的对手。首回合客场，硬抗了70多分钟的拜仁还是以0：3败下阵来；次回合主场比赛，拜仁又是半场1：2落后，虽然莱万多夫斯基和穆勒的进球让拜仁以3：2取胜，但总比分拜仁3：5遭巴萨淘汰，拜仁昂首离开了欧冠赛场。

至于这个赛季的德国杯，拜仁更是遭遇想象不到的意外。在半决赛常规时间与多特蒙德1：1战平后，进入点球大战的拜仁竟似撞邪，前两位出场的拉姆和阿隆索极为相似地因支撑脚打滑而射失，此后格策和诺伊尔也相继失守，4罚0中的拜仁就这样令人根本无法理解地出局了。

2014—2015赛季，留给拜仁的遗憾实在太多，但是瓜迪奥拉在赛季中期却在无形中为球队留下了"妙笔生花"的杰作。2014年9月底，在莱比锡红牛足球俱乐部（简称：莱比锡）客战慕尼黑1860的德乙比赛中，瓜迪奥拉在技术总监雷施克的邀请下出现在球场看台上。此时没有人知道，他的出现只是为了一名年轻小将——约书亚·基米希。

几周后，基米希接到经纪人的电话："如果我告诉你拜仁想要你，你会怎么想？""这不可能！"随后经纪人又说："是的，他们真的想要你。"基米希对此只有一句回答："我只想从教练那里直接听到这句话。"没过不久，基米希在拜仁的会议室里亲耳听到瓜迪奥拉的邀请。"这是我永远都不会忘记的时刻。我感到佩普和拜仁相信我，而我想要向他们证明，他们没有错。"

2015年夏天，20岁的基米希正式穿上拜仁战袍，和他一起加盟拜仁的还有巴西边锋科斯塔、法国小将科曼的"科科组合"，以及智利后腰比达尔和新的替补门将乌尔赖希。同时，施魏因斯泰格选择在职业生涯的末期转战曼联寻求新的挑战，

沙奇里、丹特、皮萨罗等球员离开。

进入2015—2016赛季，来到合同末年的瓜迪奥拉迎来了拜仁岁月的最后一个赛季，球队持续提升，在三条战线以12连胜强势开局，不过在此期间发生的故事反而更加精彩。故事的主角是谁？莱万多夫斯基！

在这个赛季初，瓜迪奥拉似乎要在无锋阵下不断尝试，这让莱万多夫斯基一度只能屈身替补，但是永不言弃的莱万多夫斯基根本无惧挑战，反而不断用进球拯救着瓜迪奥拉的球队。联赛第2轮对阵霍芬海姆，正是替补登场的莱万多夫斯基贡献精彩绝杀；再到联赛第6轮，载入历史的时刻到来了！

这是拜仁对决上个赛季亚军沃尔夫斯堡的焦点战，后者曾在半年前的联赛比赛中4∶1痛击拜仁。此役，上半场沃尔夫斯堡凭借防反战术顺利打破僵局。面对半场落后的局面，瓜迪奥拉在中场过后便安排莱万多夫斯基替补登场，而始终憋着一口气的莱万多夫斯基自后半程伊始便展现出无人能比的霸气——自比赛第51分钟开始，在短短9分钟内，根本停不下来的莱万多夫斯基就有了5粒进球！

"九五至尊"神迹，让莱万多夫斯基一战刷新多项世界纪录，"不可思议""奇迹诞生""历史时刻"等词语纷纷成为第二天的媒体头条。再看瓜迪奥拉

在莱万多夫斯基完成第5粒进球后的表情，可以讲，莱万多夫斯基用不可思议的表现彻底否定了瓜迪奥拉的无锋阵，让自己在竞争激烈的拜仁阵容中彻底晋升为核心主力。

此后在欧冠赛场，拜仁虽客场0：2不敌阿森纳，回到主场随即回赠对手一个"5：1"，进而在小组赛头名出线。当然，在联赛层面拜仁在半程过后同样稳稳领先新帅图赫尔执教的多特蒙德。只是如同上个赛季，严重的伤病潮依然困扰拜仁，以至于前半程最后阶段无法凑齐18人大名单。

进入后半程，博阿滕在首战便因肌肉撕裂而伤停三个月，马丁内斯随后旧伤复发伤停四周，再加之长期休战的贝纳蒂亚，以至于拜仁只剩巴德斯图贝尔一名健康中卫。不过，就在率领防线连续三场零封后，这位"玻璃人"紧跟着倒下并伤停三个月。而拜仁在冬季转会窗口签下的塔什切难堪大用，以至于瓜迪奥拉不得不使用基米希和阿拉巴的中卫组合。

严重人荒带来的问题不言而喻。欧冠1/8决赛对阵尤文图斯，首回合在客场两球领先被追平，次回合回到主场又因防线失误在开场30分钟便遭遇两球落后。直至比赛最后时刻，如梦初醒的拜仁终于反攻，先是莱万多夫斯基在第78分钟追回一球，随后穆勒在补时阶段头槌破网追平比分。进入加时赛，彻底打开局面的拜仁未再给对手机会，蒂亚戈和科曼的进球助队顺利晋级。

此后，拜仁又在1/4决赛淘汰本菲卡队，半决赛遇到了西甲球队马竞。首回合比赛，不知缘何"梦游"的拜仁0∶1败下阵来；次回合比赛回到主场，迎来里贝里、博阿滕回归的拜仁吹响了反攻的号角，甚至让马竞主帅西蒙尼感叹："经历了执教以来最困难的45分钟。"只可惜，尽管拜仁的上半场控球率达71％、射门17∶2，但只有阿隆索打破僵局，穆勒错失点球为此后比赛埋下隐患。

进入下半场，持续猛攻的拜仁果然遭到惩罚，格列兹曼在第53分钟打入单刀球，拜仁被逼到背水一战的境地。此后，

莱万多夫斯基在第74分钟力助球队再度反超，诺伊尔还扑出托雷斯的点球，拜仁最终还是未能再进一球，以客场进球的劣势连续第三年止步于欧冠半决赛。

未能带领拜仁拿下欧冠冠军，无疑是瓜迪奥拉执教拜仁岁月的最大遗憾。不过就在欧冠出局后，他依然带领拜仁赢得了最后的三场重要比赛：第33轮2∶1击败因戈尔施塔特队，拜仁完成历史首次德甲四连冠。第34轮3∶1击败汉诺威96队，莱万多夫斯基首次单季打进30粒球。赛季最后一战，德国杯决赛。拜仁此次没有倒在点球大战，科斯塔的最后一击帮助拜仁4∶3拿下胜利，以国内赛场"双冠王"的成绩送别热泪盈眶的瓜迪奥拉——虽然瓜迪奥拉执教拜仁的三年时光存有争议，但他依然为拜仁留下了7座冠军奖杯和高达75.2%的胜率。希斯菲尔德称赞道："瓜迪奥拉在拜仁没有失败，几个月后在德国就会给予他应有的肯定。人们总是在一个人离开后，才能真的明白他到底有多好。"

第二章

传奇归来

一个多月后，一位意大利人推开了拜仁主教练的办公室大门，首先映入眼帘的是瓜迪奥拉留在墙上的祝福：In bocca al lupo（意大利语：好运）。是的，不是冤家不聚头，曾在AC米兰和皇马期间面对拜仁六胜两平保持不败的安切洛蒂，在2016年夏天接过拜仁教鞭。

同时来到拜仁的，还有时隔多年回归的拜仁青训球员胡梅尔斯，以及该年度欧洲金童奖得主桑切斯；离队的球员则有在拜仁期间郁郁不得志的格策、贝纳蒂亚、罗德、霍伊别尔，以及续约一年后外租的巴德斯图贝尔。

根据安切洛蒂的回忆，2015年从皇马主帅岗位离任后，他就知道瓜迪奥拉不会续约且拜仁教练岗位将会空出来，于是他在等待一年后顺利入主拜仁。甚至，当安切洛蒂和鲁梅尼格第一次见面时，双方只用5分钟就达成了一致。

不过，如何面对瓜迪奥拉留下的传

控体系，无疑是个待解的难题。对此，安切洛蒂在入队伊始表示："我会继承瓜迪奥拉留下的东西，同时也会植入自己的东西。我会让球队去控制比赛，把控球和效率相结合。足球世界最重要的一个单词就是平衡。让球队在控球与无球的状态下保持平衡，这就是我现在的工作。"

2016—2017赛季，安切洛蒂麾下的拜仁以8连胜顺利开局，球队的过渡看上去非常顺利。然而自欧冠小组赛客场0∶1不敌马竞开始，外界渐渐发现"蜜月期"后拜仁和想象的完全不一样，特别是安切洛蒂所带来的三后腰体系犹如灾难——这种明显回收阵形、牺牲进攻人数的设计，不仅让瓜迪奥拉时期一人承担任务的后腰位置人满为患，更让穆勒熟悉的前腰位置消失，由此带来的并非阵形趋于平衡，而是改变了拜仁固有的攻势足球根基。

不难看出，安切洛蒂所推崇的"平衡"，更趋向于"保守"，但是这种保守主义却导致穆勒在新阵形中消失不见、冗杂的后腰职责不清、固有的边路优势消失，以至于拜仁曾经的攻势足球大打折扣，球队防守反而在作茧自缚般的回收下暴露软肋。随后，拜仁在与科隆、法兰克福的联赛中依然难寻胜绩，进入11月战平霍芬海姆、不敌多特蒙德后，又让

俄超球队罗斯托夫大队收获队史首场欧冠胜利。

对此，《图片报》连续在三篇文章的标题中用"Krise"（德语：危机）一词形容拜仁的表现，并列出一组对比数据：全队场均跑动距离从113千米下降到109.5千米，场均冲刺次数从200次减少到189次，高强度跑动次数从631次下降到593次，传球失误率从12％增加到14％，而机会把握率更是从53％跌至35％……瓜迪奥拉让拜仁在德甲更有统治力，而拜仁如今正在失去他们的统治力。

最终，拜仁在这个赛季遭遇了2012年"三亚王"以来的最差战绩。欧冠层面，以小组次名出线后虽然再度送给阿森纳两场"5：1"，但是1/4决赛面对皇马则遗憾出局。需要指出的是，拜仁球员在第二回合比赛中几乎是殊死一搏，被预测赛季报销的胡梅尔斯打封闭登场，博阿滕带伤上阵毫无退缩，诺伊尔更是在骨折的情况下坚守到最后。但是，匈牙利主裁考绍伊却用一次次愚蠢和偏袒的判罚，让无数拜仁球迷留下了不甘的眼泪。

欧冠出局后不久，拜仁又在德国杯半决赛被老对手多特蒙德逆转。好在球队抓住该赛季多特蒙德持续表现不稳、新兴势力莱比锡后劲不足的有利格局，在第31轮6∶0大胜沃尔夫斯堡后提前三轮卫冕成功，用联赛冠军送别了拉姆和阿隆索，两名传奇球员在颁奖典礼上浇啤酒的镜头，成为留给绿茵赛场的最后回忆。

带着诸多遗憾，拜仁在2017年夏天继续招兵买马，出自霍芬海姆的德国国脚鲁迪、聚勒携手加盟，来自里昂的法国后腰托利索以4150万欧元转会费成为拜仁的新标王。此外，哥伦比亚球星哈梅斯·罗德里格斯（简称：J罗）则以租借形式来到拜仁投奔恩师安切洛蒂。

球队阵容不断增强，外界自然建议安切洛蒂集中更多时间和精力在排兵布阵和战术设计上，但是各路媒体的报道却是安切洛蒂的训练强度、比赛演练甚至球员挖掘依然只是浅尝辄止，以至于罗本批评：“拜仁的训练还不如我儿子在少年联赛的训练。”由此可见，如此空洞的季前准备和战术演练让拜仁进入新赛季后根本无力提升战力或积极调整，反而成为风格模糊、特点缺乏的“问题军团”。

更严重的是，无论此后外界如何批评、球员如何呼吁，固执的安切洛蒂依然紧抓“三后腰”不放，且始终不会说德语的问题自然不利于更衣室团结，不仅导致球队在第三轮便遭遇首季首败，将帅矛盾也彻底爆发——从穆勒说出“我死了周末照样有11人出场”，莱万多夫斯基公开质疑球队的引援政策，直至里贝里被换下场后怒扔队服……

不过，安切洛蒂并未选择用妥协来化解危机，而是选择“搏命式反击”。欧冠小组赛0∶3惨败巴黎圣日耳曼，安切洛蒂居然把“罗贝里”、胡梅尔斯、博阿滕等球员全部排在首发名单之外，以至于其他球员在赛前热身时，罗本与里贝里依然留在更衣室以示不满。此时，安切洛蒂的固执让“老好人”标签失去了意义，最好的解释或许就是意大利人与德国足球的天然矛盾。

“球队的表现从赛季开始以来就没有达到我们的期望。”输球后赫内斯几乎失眠，鲁梅尼格彻底坐不住，拜仁高层迅速做出了换帅决定。在临时教练萨尼奥尔带队过渡后，一位熟悉的身影回来了——海因克斯！

有一天，时间会不会真的能倒退？退回你我回不去的悠悠岁月……

“这不是复出，是以友谊之名提供帮助，因为感觉亏欠拜仁很多，所以我回来了。”退休多年之后，心系拜仁的海因克斯第四次接过拜仁教鞭。显然，此时内忧外患、陷入低谷的拜仁留给他的绝非一帆风顺的最后征程。尽显老态的阵容、矛盾丛生的内部、明显匮乏的战术、危言四起的环境，一切都在考验着这位已过古稀之年的老帅。据《踢球者》调查，超过三成的球迷认为海因克斯接手后的拜仁仍将一无所获。

然而，海因克斯此后所带给拜仁的绝不仅是一份感人情怀，更是一份至高威信下的挽狂澜于既倒，一份唤醒全队后的扶大厦之将倾。

2017年10月14日，安联球场，海因克斯时隔1596天后再度带队回到赛场。只是岁月可以带走光阴，却无法带走那份默契和信任。从其回归首秀的排兵布阵可以看出，曾经笑傲欧洲赛场的4-2-3-1阵形回来了，11名先发球员中有5人曾在拜仁2013年赢得欧冠决赛时首发登场。其实，若不是诺伊尔和里贝里遭遇伤停，这个数字或许要升为7人。

5∶0大胜弗赖堡队，仅仅一场首胜，便让外界感觉熟悉的拜仁全部回来了——快速攻防、两翼齐飞、高举高打的风格再次成为拜仁的进攻主流，德国国家队组合的后防展现充足硬度，马丁内斯搭配蒂亚戈的双后腰攻守平衡，有效支撑莱万多夫斯基的穆勒又一次露出笑脸，穆勒该赛季首度赢得德甲助攻王。来自海因克斯教练的威信与魅力在第一时间便让此前笼罩在球队上空的乌云全部散去，连"神医"沃尔法特都再度归队。

接下来的日子，海因克斯在明确最熟悉的4-2-3-1体系外持续丰富战术，并汲取其他教练的成功经验，例如借鉴瓜迪奥拉的进攻风暴让拜仁尝试4-1-4-1攻击组合。不仅如此，阿拉巴、马丁内斯等昔日爱将再度回到巅峰，科曼、基米希、托利索等新人也在海因克斯麾下受益匪浅。最为动人的莫过于J罗，他在海因克斯教练的信任下再度成为那颗持续跳跃的球队心脏，凭借手术刀般的传递有效盘活了拜仁的前场进攻。

自接手拜仁后的9连胜开始，海因克斯教练凭借高达81%的历史最高胜率，带领拜仁从积分榜落后榜首5分到领先21分夺冠，再度让球迷看到曾经"宇宙仁"的巅峰风采。于是，拜仁高层自然希望留下这位传奇教练继续执教。对此，海因克斯的回答令人动容："我今年夏天就要73岁了，我也不知道自己的余生还剩多长时间。"

当一位老人放弃舒适的退休生活，毅然选择回归挽救自己深爱的母队，海因克斯教练的这份深情已然感动所有人。这份贡献与付出，更是拜仁永远都偿还不尽的。只是犹如井上雄彦在《灌篮高手》中对人生做出的诠释："青春的梦想往往是不完美的……"上帝最终也无法设计出海因克斯两度以"三冠王"荣耀退休的相似剧情，所以在"老仁与海"的故事最后设计了存有欠缺的离别之美。

先是几乎弹尽粮绝的欧冠半决赛，背水一战的拜仁硬是在高强度节奏下把老对

手皇马全线压制了整场比赛，却不想当值主裁居然对皇马球员禁区内的手球犯规视若无睹，再加之自身后场连续出现致命失误，拼至最后一秒的拜仁最终无缘踏上欧冠决赛的舞台。

　　后是德国杯决赛，当值主裁不仅无视法兰克福球员在第二粒进球前的手球，随后"100人里99个看到马丁内斯在禁区内被犯规，但是剩下的1个是裁判"。对此，海因克斯在输掉最后一战后却依然充满风度地表示："那是个点球，但不应把这事挂在嘴上。我祝贺所有法兰克福球员，尤其是鲁斯（抗癌斗士）。我告诉他，我为他从疾病中康复并回到赛场而感到高兴。"

　　或许，有残缺的美才是真的美。如此遗憾，依然无法掩饰"老仁与海"的动人故事。这段故事不仅演绎了足球比赛的最动人情景，更是诠释了足球运动的最美好意义！故而，我们唯有向海因克斯教练说出这句充满深情的感谢——

是您，让传奇更加传奇！

第三章

巨人谢幕

在带领拜仁提前5轮夺冠后，海因克斯教练并没有独享这个时刻，而是把"罗贝里"单独叫到身前，引导球迷把掌声献给两位合同即将到期的功勋老将。试问：有谁不为这样一位伟大的教练而心生敬佩？于是，拜仁随即和"罗贝里"签下了最后一份续约合同。

2018—2019赛季，"罗贝里"在拜仁搭档的第10个赛季，也是最后一个赛季。他们迎来了新任主帅尼科·科瓦奇。对，就是球员时期曾和弟弟罗伯特同在拜仁效力的克罗地亚中场。退役后，科瓦奇曾担任克罗地亚国青队和国家队主帅，并带队参加了2014年世界杯。2016年3月，科瓦奇接过法兰克福的教鞭——正是这段不俗的执教经历，让科瓦奇进入了拜仁的视野。

然而无法掩饰的是，科瓦奇没有豪门执教的背景，缺乏指挥欧战的经历，再加之在俱乐部仅有两年执教经历，接手拜仁时自然充满质疑之声。何况，克洛普有合同在身，图赫尔选择巴黎圣日耳曼，科瓦奇原本在拜仁选帅顺位中明显靠后，这让他不仅未能得到高层的充分信任，甚至在拜仁内部也难以服众。

与此同时，拜仁为签下科瓦奇支付了约220万欧元违约金，而这笔钱居然是拜仁在2018年夏天的唯一支出，球队迎来的"新球员"仅有自由身加盟的格雷茨卡以及租借回归的格纳布里和桑切斯。在人员输出方面，拜仁则通过出售比达尔、鲁迪、贝尔纳特、科斯塔（买断）等球员"净赚"了近9000万欧元。

果不其然，虽然科瓦奇在各项赛事7连胜开局，不过当密集赛事展开以及伤病潮如期而至，拜仁开始急速下坠，在联赛第5轮被旧将格策反戈一击后，一波四场不胜让科瓦奇就此光环消逝。

此后，随着输掉"德国德比"并被升班马杜塞尔多夫队绝平，拜仁在联赛一度跌至积分榜第6位，并被榜首的多特蒙德甩开多达9分。尽管拜仁的阵容老化和补强有限不能忽视，但科瓦奇在战术层面的倒退做法（例如三后腰体系）才是核心问题。于是，在拜仁欧冠迎战本菲卡队时，科瓦奇已站到悬崖边缘，甚至有报道称拜仁高层此时已经下了最后通牒。

就在此时，拜仁突然召开了一场颇具争议的新闻发布会。看上去，赫内斯、鲁梅尼格以及一年前刚刚就任体育主管的萨利哈米季奇把前来参加的各路记者怒掠了一遍，看似针对媒体的不实报道和批评言论，但是赫内斯在发言中无不透露着尊重球员的底线，甚至表达出"我们宁可放弃几个冠军，也要让'罗贝里'等功勋球员体面离开拜仁"的动人姿态。

好在深陷困境的科瓦奇，在这个关键时刻果断做出调整和变阵，"复古"或许是最佳解释——在纠正此前的错误后，科瓦奇让拜仁重回熟悉的4-2-3-1阵形，进而带队5∶1大胜本菲卡队后迅速重回正轨。此后，拜仁除了欧冠以小组头名出线，还在联赛以连胜结束前半程。

就在冬歇期过后，刚刚带队在世界杯遭遇小组出局"世纪之辱"的德国队主帅勒夫也送上了"间接助攻"。2019年3月，勒夫突然出现在拜仁俱乐部，毫无征兆地宣布穆勒、胡梅尔斯和博阿滕将不再被招入国家队。这种难寻他例的"官宣"彻底激怒了拜仁，在官方发布声明进行反击后，穆勒等球员更是被激活了赛场状态，球队连续以6∶0大胜沃尔夫斯堡和美因茨。

联赛第28轮，拜仁在主场5∶0大胜多特蒙德，终于抹平了此前的9分差距并彻底拿下联赛争冠的主动权。直至5月18日，不容有失的拜仁在联赛末轮迎来法兰克福的挑战，而上天则为拜仁传奇送上了最完美的安联告别。

在这场5∶1大胜法兰克福并锁定冠军的比赛中，小将桑切斯末轮横跨赛场而把进球献给老大哥。

里贝里在下半场替补登场，然后用标志性的边路连续摆脱过人杀入禁区，面对门将小角度挑射破门，在完成拜仁生涯最后一粒进球后泪洒赛场。此后，同样替补登场的罗本在门前抢点完成进球，用这场充满喜悦、充满泪水、充满不舍、充满回忆的比赛就此为"罗贝里"的传奇生涯画上了完美句点。

回忆十年前，当里贝里在德甲赛场向罗本送出第一次助攻时，两人或许想不到同款战袍会穿十年之久，更想不到在这十年间所经历的潮落潮起与悲欢离合——有人说这是天作之合，也有人说这是意外之喜。

"罗贝里"的性格有着太多不同，甚至曾让彼此矛盾重重、左右相背。然而他们在球场上却充满相似之处：顽强、自信、对球队充满深情、对胜利充满渴望！正是这样的共鸣，让他们在配合中找到默

契，在互助中实现相惜，在失败中走向成功，在命运中走向传奇……

苦雨江湖谁唱老，料是当年兄弟。

就在联赛夺冠后一周，拜仁又在德国杯决赛中3：0击败莱比锡。看上去，科瓦奇首个赛季的"双冠王"成绩颇为不错，现实却是他的自身缺陷依然无法掩饰，例如多次被证明失败的不当尝试，以及欧冠1/8决赛出局时被利物浦主帅克洛普完胜。这让科瓦奇持续受到质疑，甚至多次传出拜仁要换帅的消息。

纵然如此，拜仁在2019年夏天进行大范围补强。来自马竞的法国后卫卢卡斯以8000万欧元转会费成为新的标王，此外还有来自斯图加特的法国国脚帕瓦尔、来自汉堡的锋线小将阿尔普、来自门兴的中场才俊屈桑斯。就在转会窗口即将关闭时，鲁梅尼格还曾"火线出山"，接连完成佩里西奇和库蒂尼奥两笔完美租借。同时，胡梅尔斯、J罗、桑切斯等球员则相继离队。

看上去，阵容和实力明显提升的拜仁理应在新赛季更进一步，但是借助此前"双冠王"带来的自信，科瓦奇却走上了更为极端的战术尝试。首先，他在赛季前的备战期便公开表示要放弃4-2-3-1阵形，并回到安切洛蒂时期早已被证明失败的三后腰体系。此后，他又押注般让身体疲倦、缺乏备战的库蒂尼奥以中场核心身份连续9场比赛首发。

如此拔苗助长只是一个缩影，科瓦奇的球员轮换率由前赛季的32.3%直接降到18.7%。同时，球队不断调整和实验的战术体系越来越陌生，球队功勋球员穆勒、马丁内斯等人则被彻底无视，进而导致莱万多夫斯基因过度劳累不得不去做腹股沟疝气手术，职业生涯首次连续6场替补的穆勒公开表达离队的可能，得不到机会的马丁内斯更是泪洒替补席。

不难理解，战术体系倒行逆施的拜仁自赛季伊始便举步维艰，即使比赛胜利也是磕磕绊绊。对此，科瓦奇又曝争议言论，推卸责任般表示"有合适球员才能踢出高压足球""球员态度有问题"，以及盛赞曾辱骂功勋主帅海因克斯的法兰克福球迷"全德甲最好"。

批评球队高层、推卸责任、与球迷彻底决裂，这样的科瓦奇其实堵住了自己继续执教拜仁的道路。此后，法兰克福在主场回敬了一场5∶1胜利，"自杀式"搏命的科瓦奇终究难逃"下课"结局。只是如诺伊尔所言，这一切绝非意外："最近几周的比赛早已预示了今天这种情况。"

就在此时，一张一个月前的照片成为外界关注的焦点。那是拜仁不敌霍芬海姆的比赛中，由于比赛当天是马丁内斯儿子卢卡的3岁生日，得知无缘首发的马丁内斯在替补席伤感地流下眼泪，在一旁安慰他的助教弗里克就此进入球迷的视线。接下来，正是这位陌生的熟悉人在2019年11月3日接过拜仁教鞭。

根正苗红、海帅弟子、冠军助教、制衡勒夫……这些标签无疑是对弗里克的最佳介绍。球员时代，弗里克曾在拜仁效力5年，而他当时的主教练正是海因克斯；退役后，执教低级别球队霍芬海姆的弗里克曾有过德国杯爆冷淘汰勒沃库森的壮举。此后，担任德国队助教的弗里克建言献策，由此成为德国队赢得巴西世界杯的冠军助教。

后来，赋闲的弗里克和妻子回到老家巴门塔尔小镇居住，并在此经营一家体育用品商店。直至2019年夏天，坚持不懈的赫内斯在三年内第三次向弗里克发出邀请，如此"三顾茅庐"的诚意终于打动了弗里克，进而让拜仁时隔29年后迎回昔日的孩子——这，无疑成为赫内斯在拜仁主席岗位上为俱乐部留下的最后杰作。

11月15日，慕尼黑奥林匹克公园，全场6091名会员起立鼓掌。在拜仁年会上，支撑拜仁40年之久的伟大巨人赫内斯正式卸任："你们的支持，让拜仁变得更好，让我的生活更美丽。这是一段美妙的时光，就是这样，谢谢大家！"自此，海

纳成为拜仁新任主席，赫内斯当选荣誉主
席，一段长达40年的伟大传奇就此落幕，
一段独属拜仁的奇迹旅程画上了句点……

第四章

六冠神迹

赫内斯为拜仁"三顾茅庐"请来弗里克，显然有着专业领域的深层次考量。不仅在于拜仁功勋助教赫尔曼功成身退，接任的弗里克在战术功底和工作经验方面完全值得信任，更在于弗里克师从海因克斯教练的"拜仁基因"，成为教练组急需的理念传承者和人才储备。

"当我还是拜仁球员时，我就深感这里的一切都关乎成功。"弗里克明确表达了自己对拜仁的深刻认知，"在当今足坛，你可以1∶0收获胜利，唯独这样的赢球在拜仁行不通。我非常认可拜仁的理念，球队当然要追求奖杯，但我完全确定拜仁应该以超过1∶0的胜利唤起球迷的信心。"

正可谓受任于败军之际，奉命于危难之间。弗里克带给拜仁的，既有传统的回归，也有积极的创新，最关键之处在于他为拜仁及时唤醒了早已融入骨髓的战术根基和王者信念。在体系方面，坚定地把球队阵形改回最熟悉的4-2-3-1体系；在战术领域，两翼齐飞搭配高位压迫的设计充满胆识；在人员层面，莱万多夫斯基、穆勒的组合达到巅峰，诺伊尔、博阿滕等老将重回最佳状态，戴维斯、齐尔克泽等才俊带来惊喜……

无论是战术设计，还是人员使用，以及近乎无解的压迫体系和犀利攻势，弗里克麾下的拜仁顿时犹如奇迹般焕发最强战力：一方面，精准有效的战术调整让球队脱胎换骨，再度找回传统的战术基因，充满热血和强势；另一方面，弗里克的人格魅力深受球员拥护，此前笼罩在更衣室的乌云彻底淡去。梅尼格称赞道："我在拜仁这么多年，很少见到弗里克这样的团队，可以如此紧密地联系所有球员。"

凭借拨乱反正、重塑拜仁的姿态和胆识，弗里克以4连胜开启拜仁执教之路，16球0失球的纪录让他成为拜仁队史上最佳开局教练。此后，虽然不敌勒沃库森和门兴，但是弗里克带队在半程结束前以4连胜收官，由此顺理成章实现转正。回到队中辅佐弗里克的老帅格兰德一度称赞："弗里克让我想起了海因克斯……"

待到经过冬歇期的磨合和洗礼，弗里克麾下的拜仁成为世界足坛最为火爆的球队，三线作战依然越战越勇、越踢越强，

前11场比赛以10胜1平保持不败。此后经历疫情导致的停摆期，拜仁难得实现阵容齐整的有利格局，不仅在联赛层面9连胜并提前两轮实现卫冕，并在击败勒沃库森后卫冕德国杯冠军。

不仅如此，拜仁单赛季100粒德甲进球的表现仅次于队史101球的进球纪录，而弗里克则追平了恩师海因克斯的半程得分纪录（17战16胜1平）。同时，莱万多夫斯基再获德甲金靴奖项，并以34粒进球刷新了个人单赛季进球纪录；穆勒在职业生涯首次赢得五大联赛助攻王，德甲官网专门撰文解释穆勒为什么被称为最好的"空间阅读者"。

当然，拜仁的目标不止于此！在休整一个月后，拜仁又在复赛的欧冠赛场持续着王者表现，两回合总比分7∶1淘汰英超劲旅切尔西，昂首挺进在葡萄牙里斯本举行的欧冠八强决战。接下来，拜仁在1/4决赛再遇老对手巴萨，只是外界或许想到了结果，却未想到比分。

本场比赛，巴萨主帅塞蒂恩鉴于拜仁的火爆状态，不惜首发名单撤下拜仁苦主格列兹曼希望通过四中场平行站位以稳住中后场，进而寻求反击机会。于是两队在各自战术体系下互有攻守，在穆勒开场打破僵局后仅3分钟，巴萨的快速反击导致阿拉巴不慎乌龙。随着拜仁渐入佳境，全队的高位压迫不断增强自信和力度，如此强势让老迈的巴萨惊慌失措、被动挨打，甚至巴萨门将特尔施特根也频频丢失球权。

可谓不入虎穴，焉得虎子。打出特点的拜仁彻底提速提效以持续强攻，佩里西奇、格纳布里、穆勒连下三城，巴萨在欧冠赛场首次半场比赛被打进四球。进入下半场比赛，虽然苏亚雷斯扳回一球，但是小将戴维斯发挥个人能力助攻基米希破门。最后时刻，巴萨租借至拜仁的库蒂尼奥替补登场，接管了比赛，先是助攻莱万多夫斯基破门，随后梅开二度把比分锁定为8∶2——这是欧冠历史上淘汰赛最大比分纪录。

在半决赛3∶0大胜里昂后，2020年8月23日，里斯本光明球场，拜仁和法甲豪门巴黎圣日耳曼在欧冠决赛狭路相逢。对比半决赛，弗里克仅做出一处首发调整，由科曼替代佩里希奇出任首发左边锋。

开场后，拜仁持续通过前场逼抢以压制对手，莱万多夫斯基的转身射门击中门柱，而全力布局防守的巴黎圣日耳曼则不断通过反击创造绝佳机会。面对危机，诺伊尔展现神勇状态力保球门不失。随着比赛不断推进，战术强势的拜仁渐渐展现明显优势，特别是首发出场的科曼在左路几乎完爆巴黎圣日耳曼右后卫克雷尔，不断创造威胁。

下半场比赛，拜仁的强点果然成为比赛胜负手。比赛第59分钟，基米希在禁区前接到穆勒分球后送出精准挑传，后点跟进的科曼包抄头球破门，拜仁自此打破比赛僵局。此后，领先的拜仁毫不保守，硬是靠着持续全场的高位压迫把领先的比分保持到终场，进而成为欧冠历史上首支以全胜战绩完成夺冠的球队，时隔七年再度站上欧洲之巅！

赛后，圆梦欧冠的莱万多夫斯基跪地怒吼。作为有史以来第一位赢得"三冠王"且在三项赛事中均拿下金靴的球员，莱万多夫斯基当之无愧地被评为年度欧洲最佳球员和最佳前锋，诺伊尔当选欧洲最佳门将，基米希当选欧洲最佳后卫，而弗里克则成为欧洲最佳教练。

就在拜仁赢得欧冠冠军仅25天后，他们便踏上新赛季德甲的首轮赛场。这无疑是有史以来最短的季前备战期，然而除了早早签下的萨内、夸西和努贝尔，拜仁此时的阵容却面临库蒂尼奥、佩里西奇、奥德里奥索拉等球员结束租借，以及乌尔赖希、屈桑斯以及主教练弗里克最欣赏的蒂亚戈相继离队。于是，本就面临身体和精神双重疲劳的拜仁，在人员匮乏的匆忙节奏中开启了新征程。

　　纵然如此，弗里克在带队以8∶0大胜沙尔克04开局后，又远赴匈牙利布达佩斯迎来对阵塞维利亚队的欧洲超级杯赛程。面对强硬对手，拜仁陷入苦战。直至加时赛，弗里克用马丁内斯替换登场，借助这位爱将的空中威胁以做出最后一搏。显然，弗里克的信任得到了最佳回报！第104分钟，拜仁右路角球吊入禁区被破坏，阿拉巴在大禁区线附近的抽射被门将挡出，

正是马丁内斯出现在关键位置，通过头球补射完成了准绝杀。

　　如拜仁主帅弗里克所言："有时候，足球会书写这样的故事。"7年前的欧洲超级杯赛场，正是马丁内斯在加时赛补时阶段完成绝平进球，为拜仁复仇切尔西打下基础；7年后再度来到欧洲超级杯赛场，又是马丁内斯在加时赛的关键进球，让拜仁第二次捧起欧洲超级杯奖杯。"只要我还

在这里，我就会捍卫这件拜仁球衣。"不知这是谁设计的剧本？再度让无数拜仁球迷潸然泪下。

可惜，在拜仁赢得2020年的第4个冠军后不久，这支疲惫之师遭遇当头一棒！第二轮联赛，也就是拜仁在欧洲超级杯打败塞维利亚队不到64小时，拜仁在人员不整、极度劳累的状态下1∶4惨败于霍芬海姆——这是拜仁在2020年整个自然年遭遇的唯一败仗。

带队重返欧洲之巅后，弗里克极度渴望打造"拜仁王朝"，并向高层多次提出了引援计划，却不想他的建议几乎全部遭到无视。直至转会窗口关闭前的最后一天，拜仁才匆忙签下舒波莫廷、萨尔、罗卡和科斯塔四名新援。如马特乌斯的批评："拜仁目前的阵容深度还不如多特蒙德以及莱比锡。"

面对今年的阵容不如去年的新赛季挑战，弗里克继续带队出征。接下来的德国超级杯，凭借基米希最后时刻的补射得手，拜仁以3∶2击败多特蒙德后赢得了"第五冠"，随后在各项赛事完成10连胜！只是随着赛程不断密集，新援表现不佳，拜仁看似强大的阵容也扛不住了。特别是联赛第7轮"德国德比"损失基米希后，拜仁一度无人可以承担中场组织重任。

在这场3∶2击败多特蒙德的比赛过后，拜仁还曾遭遇连续9轮率先失球的被动局面。幸好弗里克激活的莱万多夫斯基与穆勒的进攻组合，不仅带队转危为安，还在第13轮逆转勒沃库森并实现积分反超，由此在冬歇期前再度回到积分榜榜首。

来到2020年底，一位贵宾抵达了慕尼黑——国际足联主席因凡蒂诺。在临时搭建的颁奖典礼现场，因凡蒂诺宣布，拜仁中锋莱万多夫斯基当选2020年世界足球先生！同时，拜仁队长诺伊尔当选最佳门将，基米希、戴维斯、莱万多夫斯基以及蒂亚戈入选最佳阵容。唯独弗里克居然落选最佳教练，引发一片哗然。

"我们今年赢得了所有能赢的荣誉，我很高兴实现这个目标。这次获奖让我深知，永远要始终如一地追求梦想，你定会得到回报。"带着迷人微笑，莱万多夫斯基接过世界足球先生奖杯，这份足坛最高嘉奖无疑是对莱万多夫斯基十年磨一剑的最佳回报。至于莫名取消的年度金球奖，或许就像赫内斯当年所嘲讽"就是个垃圾"，其实在无数球迷心中，莱万多夫斯基是当之无愧的2020年度世界最佳！

荣誉过后，拜仁经过仅有两周的冬歇期休整，又进入后半程更为密集的赛事。只不过更残酷的事实是，拜仁的能量已到临界点，哪怕弗里克再度呼吁冬窗补强，换来的依然是体育主管萨利的隔空回话："不会引进任何球员。"自此，两人之间早已存在的矛盾彻底暴露在外界面前。

对此，进入2021年的拜仁当然无力转危为安，反而随着赛季不断深入，劳累明显增强、伤病开始增多，导致诸多球员的身体乃至竞技状态大不如前，战术体能等层面的问题同样无法掩饰。于是，拜仁在德国杯被德乙球队基尔队淘汰，近21年来首度无缘16强。面对困境，弗里克通过战术人员的调整带队以联赛5连胜及时止住颓势，其间还顺利拿下世俱杯冠军，完成了队史首次"六冠王"的至高伟业。

然而，就在欧冠1/8决赛轻松淘汰拉齐奥队后，严重的伤病潮果然如期而来，莱万多夫斯基、格纳布里、格雷茨卡、托利索、聚勒等球员相继伤停。此时面对巴黎圣日耳曼的欧冠1/4决赛，萨利却在赛前接受采访时突然"官宣"球队不会续约博阿滕，不仅引发外界批评，而且又一次让忍无可忍的弗里克隔空回击。

纵然如此，拜仁依然和巴黎圣日耳曼大战180分钟，仅因客场进球劣势而遗憾出局。再对比巴黎圣日耳曼替补席坐着维拉蒂等满满12名替补，拜仁替补席算上二队小将也不过7名球员，能出场的只有18岁的穆夏拉和33岁的马丁内斯。

最后时刻，弗里克不得不安排33岁的后腰马丁内斯出场改踢中锋——如同恩师海因克斯在2018年欧冠最后一战的最后选择，可见拜仁的此次出局是多么凄凉和痛心。正是这场比赛过后，弗里克彻底放弃留守拜仁的可能。

第五章
新的时代

在把自己的决定告知鲁梅尼格、卡恩等高层后，弗里克在第29轮联赛拜仁3：2击败沃尔夫斯堡并基本锁定联赛冠军后的新闻发布会上，擦干眼泪向外界宣布自己将在赛季结束后离开拜仁的决定："我很感激能陪伴这支球队，也感谢俱乐部给了我执教的机会。"

"可以明确的是，弗里克离开拜仁是我们的失职。在有机会避免的时候，我们没能处理好这件事。"多日过后，接任拜仁董事会主席的卡恩在接受采访时表达了自己的遗憾之情。不难看出，弗里克的离队事件恰好遇到拜仁管理层新老更替的真空期，由此导致诸多高层人士几乎置身事外，间接放任了最差的结果发生。

对此，拜仁高层迅速做出应对，通过支付违约金的方式敲定了接班人——34岁的少帅纳格尔斯曼。对，就是那个在电视前看到拜仁输掉1999年欧冠决赛后哭鼻子的小男孩，28岁时便成为德甲历史上最年轻主帅后，历经霍芬海姆和莱比锡的6年磨炼，义无反顾地带着不变的"儿仁梦"来到拜仁接受挑战。

作为力挽狂澜、震撼足坛的传奇教练，弗里克则在留下拜仁队史最高的83%胜率（81战67胜7平7负）和一段荡气回肠的奇迹之旅后，选择在2021年欧洲杯过后重回德国国家队，挽救跌入低谷的"德国战车"。

2020—2021赛季最后阶段，拜仁犹如进入告别季。除了弗里克，三名陪伴拜仁完成"九连冠"的功勋博阿滕、马丁内斯和阿拉巴携手在赛季后离队。赛季最后一战5：2大胜奥格斯堡队，穆勒又一次成为五大联赛助攻王，莱万多夫斯基在比赛第90分钟补射得手，以赛季41粒进球打破了盖德·穆勒的40球德甲纪录。

这是2020—2021赛季德甲联赛的最后比赛时刻，是最好的结束，是最好的告别，是最好的纪念，也是最好的永恒……

2021年6月28日，纳格尔斯曼首次以主教练身份来到了慕尼黑塞贝纳大街的拜仁基地："我又回到了家乡，执教欧洲最伟大的豪门球队。有时我得掐下自己看看这一切到底是不是真的，但现在我的感觉很真实！"两天过后，拜仁董事会主席鲁梅尼格卸任，52岁的卡恩正式接过岗位。

又过了一个多月，弗里克首次以德国队主教练的身份出现在媒体面前。拜仁迎来了新的时代，德国足球也迎来了新的时代。

可以想象的是，随着少帅纳格尔斯曼接过教鞭，拜仁的年轻化道路已然无法阻挡。三名老将博阿滕、马丁内斯和阿拉巴同时离队，租借到期的科斯塔返回巴西，替补门将努贝尔去了摩纳哥队。此外，齐尔克泽、费恩、克里斯·理查兹、卢卡斯·迈、阿尔普、辛格、霍夫曼等小将外租锻炼。

同时，拜仁以4250万欧元敲定了法国中卫于帕梅卡诺，从英冠球队签下自由身的左后卫奥马尔·理查兹，并签回前替补门将乌尔赖希。在转会窗口关闭前的最后时刻，奥地利中场萨比策以1500万欧元顺利加盟。

带着崭新阵容进入2021—2022赛季，纳格尔斯曼麾下的拜仁开始尝试战术层面的创新和调整——他为拜仁设计了一套介于3中卫和4后卫之间的"3.5后卫（假3中卫）体系"，主要变量在于单边翼卫（最初由戴维斯担任），只是如此新阵确实带来一些起伏，例如拜仁既有大胜巴萨、勒沃库森等出色表现，也有德国杯0：5不敌门兴的惨败。

唯独锋线上持续健康且趋向完美的"二万组合"，依然充当着维系拜仁王者风范的强大根基，带领球队在2021年度以116粒联赛进球打破了德甲历史纪录。

其中，越老越妖的穆勒不断展现了出神入化的大师级表演，随着年龄增长和技术日趋成熟，已过而立之年的穆勒早已不是在门前等待队友"喂饼"的射手，而是借助超强的比赛阅读能力、观察队友能力和无球跑位能力延伸出极佳的视野和进攻串联能力。赛季过半，穆勒以13次助攻打破德甲半程助攻纪录，并继续位居五大联赛之首。

回顾穆勒的成长和成功，离不开传奇球星盖德·穆勒的言传身教。其实不仅穆勒，另一位拜仁攻击手莱万多夫斯基也受益于这位20世纪最佳射手。2021年5月，在莱万多夫斯基追平盖德·穆勒的单赛季进球纪录时，他曾掀起球衣并露出"4EVER GERD"的背心致敬前辈，"我想把进球献给一位真正的传奇——盖德·穆勒。他的成就每天都在激励我继续努力。"

然而非常遗憾，获得世界杯、欧洲杯、洲际杯、欧冠、优胜者杯、德甲联赛、德国杯等冠军奖杯，成就大满贯并在这些赛事全部赢得最佳射手的传奇球星盖德·穆勒，在2021年8月离开了我们。时任拜仁主席海纳表示："如果没有盖德·穆勒，就不会有如今的拜仁俱乐部。他的名字将会永远载入拜仁历史。"

最好的致敬，就是赛场的表现！随着

穆勒不断刷新助攻纪录，莱万多夫斯基的进球同样停不下来。2021年底，拜仁不仅占据德甲积分榜榜首并且在欧冠赛场成功晋级，莱万多夫斯基整个年度在各条战线贡献69个进球，排名历史第二位，其中包含43个德甲联赛进球，打破了盖德·穆勒在1972年创造的德甲自然年进球纪录。

这是莱万多夫斯基职业生涯的最高数据，他被《都灵体育报》评选为年度最佳球员（退役传奇球员担任评委）；被环球足球奖授予"马拉多纳奖"（奖励年度最佳射手）；还被IFFHS授予年度世界最佳球员、年度世界最佳射手、年度世界顶级联赛最佳射手和年度世界国家队最佳射手。对此，莱万多夫斯基在社交媒体表示："非常荣幸成为首位获得IFFHS四项年度荣誉的球员。"

这当然不是全部！2022年初，国际足联公布了2021年世界足球先生的评选结果，莱万多夫斯基以明显优势成功蝉联，并赢得了国家队主教练、队长和媒体的最高选票。唯独具有争议的是，曾被赫内斯评价为"垃圾"的金球奖并未授予莱万多夫斯基。或许深感内疚，金球奖主办方甚至为莱万多夫斯基增设了一个名为"最佳前锋"的奖项以示肯定。于是，莱万多夫斯基在2021年获得了除金球奖之外的所有年度最佳球员。

就在金球奖评选再度陷入争议时，还有一则转会消息吸引了无数中国球迷的注意。2021年末，刚刚度过18岁生日的中国门将刘邵子洋以100万欧元的转会费正式加盟拜仁，这让百废待兴的中国足球看到了希望。2022年2月初，刘邵子洋根据规划外租至奥地利超级联赛球队克拉根福队锻炼，继续追逐自己的拜仁梦……

此时的拜仁在历经冬歇期后继续前行，德甲联赛持续占据积分榜榜首，欧冠赛场在两回合8∶2的比分击败萨尔茨堡红牛队后成功闯入八强。不过，随着戴维斯自冬歇期因伤病远离赛场，纳格尔斯曼几乎彻底摒弃了拜仁在过往十余年成功的4-2-3-1阵形，不断尝试的战术实验却未取得期待中的效果，反而在赛季关键时刻出现了诸多争议和创伤。

欧冠1/4决赛，拜仁对阵西甲排名第7位的球队比利亚雷亚尔队，在两回合180分钟的比赛中，拜仁在战术层面几乎被对手所破解，最终在主场遭遇对手绝杀后止步欧冠八强。至于纳格尔斯曼在此间的诸多难言合理的排兵布阵，例如摒弃4-2-3-1阵形的三中卫体系，以及部分位置的球员使用等，都成为赛后引发媒体和球迷批评的焦点。

不能否认，欧冠的提前出局让纳格尔斯曼的球队在联赛夺冠的同时难免蒙上一层阴影，而海纳、卡恩以及萨利哈米季奇等人组成的崭新管理层也在新的历史时期必然面临更多挑战。如已经退休的鲁梅尼格所言："无论如何，我祝他们好运。拜仁也曾在1999年和2012年遭遇过惨重失败，这让我们彻夜难眠，但是拜仁一直以解决问题、战胜挑战以及最终像凤凰从灰烬中再度崛起而闻名。"

好在回到联赛的拜仁并未继续犯错，先是在联赛第30轮顺利拿下比勒费尔德队，后在第31轮的"德国德比"大战中成功击退多特蒙德，最终提前三轮锁定联赛冠军，赢得了史无前例的德甲十连冠！

是的，拜仁永远不会倒下，拜仁定会凤凰涅槃——属于南部之星的传奇故事依然还在继续！

FC Bayern

München

第九部分　荣耀殿堂

历　史　荣　誉

德甲联赛冠军：**31** 次

1968—1969赛季	1993—1994赛季	2013—2014赛季
1971—1972赛季	1996—1997赛季	2014—2015赛季
1972—1973赛季	1998—1999赛季	2015—2016赛季
1973—1974赛季	1999—2000赛季	2016—2017赛季
1979—1980赛季	2000—2001赛季	2017—2018赛季
1980—1981赛季	2002—2003赛季	2018—2019赛季
1984—1985赛季	2004—2005赛季	2019—2020赛季
1985—1986赛季	2005—2006赛季	2020—2021赛季
1986—1987赛季	2007—2008赛季	2021—2022赛季
1988—1989赛季	2009—2010赛季	
1989—1990赛季	2012—2013赛季	

德国杯冠军：**20** 次

1956—1957赛季	1985—1986赛季	2009—2010赛季
1965—1966赛季	1997—1998赛季	2012—2013赛季
1966—1967赛季	1999—2000赛季	2013—2014赛季
1968—1969赛季	2002—2003赛季	2015—2016赛季
1970—1971赛季	2004—2005赛季	2018—2019赛季
1981—1982赛季	2005—2006赛季	2019—2020赛季
1983—1984赛季	2007—2008赛季	

德国超级杯冠军：**9** 次

1987年	2012年	2018年
1990年	2016年	2020年
2010年	2017年	2021年

德国联赛杯冠军：**6** 次

1996—1997赛季
1997—1998赛季
1998—1999赛季
1999—2000赛季
2003—2004赛季
2006—2007赛季
注：2006-2007赛季结束后停办

欧冠冠军：**6** 次

1973—1974赛季
1974—1975赛季
1975—1976赛季
2000—2001赛季
2012—2013赛季
2019—2020赛季
注：包括欧洲冠军联赛前身欧洲冠军俱乐部杯

欧洲联盟杯冠军：**1** 次

1995—1996赛季

德国全国联赛冠军：**1** 次

1931—1932赛季

欧洲优胜者杯冠军：**1** 次

1966—1967赛季

欧洲超级杯冠军：**2** 次

2013年
2020年

世俱杯冠军：**4** 次

1976年
2001年
2013年
2020年
注：包括世俱杯前身洲际杯、丰田杯

注：数据截至2021—2022赛季结束

纪　录　盘　点

冠军纪录

1. 1932年，赢得队史首次德国全国联赛冠军。

2. 1956—1957赛季，获得队史首个德国杯冠军。

3. 1968—1969赛季，赢得队史首个德甲联赛冠军；拜仁队史、德甲历史上第一个德甲、德国杯双冠王。

4. 1973—1974赛季，队史第一次德甲联赛三连冠。

5. 1975—1976赛季，队史第一次欧冠三连冠。

6. 1976年，队史首次赢得洲际杯冠军。

7. 2012—2013赛季，队史第一次获得"三冠王"，也是第一支获得"三冠王"的德甲球队。

8. 2013—2014赛季，成为第一支提前7轮夺得德甲联赛冠军的球队。

9. 2021年，队史第一次获得"六冠王"，也是第一支获得"六冠王"的德甲球队。

10. 2021—2022赛季，队史第一次德甲联赛十连冠。

比分纪录

1. 主场最大比分赢球

◎德甲联赛：1971年11月27日，拜仁11∶1多特蒙德

◎欧冠：2012年3月14日，拜仁7∶0巴塞尔队

　　　　2015年3月12日，拜仁7∶0顿涅茨克矿工队

◎德国杯：1976年12月18日，拜仁10∶1下博因根队

　　　　　1988年8月6日，拜仁11∶2蓝白柏林队

2. 客场最大比分赢球

◎德甲：1979年3月24日，拜仁7∶1门兴格拉德巴赫

◎德国杯：1997年8月15日，拜仁16∶1沃尔德伯格队

◎德国超级杯：2018年8月13日，拜仁5∶0法兰克福

◎欧冠：2020年8月15日，拜仁8：2巴萨（中立场）

3．主场最大比分输球

1976年10月9日，0：7负沙尔克04

4．客场最大比分输球

1978年12月9日，1：7负杜塞尔多夫

连胜纪录

◎德甲联赛连胜纪录：19场（2013—2014赛季）

◎德甲联赛不败纪录：53场（2012年11月3日—2014年3月29日）

◎欧冠正赛主场连胜纪录：16场（2014年9月17日—2017年2月15日）

◎欧冠正赛客场连胜纪录：7场（2013年2月19日—2014年2月19日）

◎欧冠正赛单赛季连胜纪录：11场（2019—2020赛季全胜）

◎欧冠正赛跨赛季连胜纪录：15场（2019年9月19日—2020年11月25日）

◎欧冠正赛客场连续不败纪录：22场（2017年10月31日—2022年4月7日）

◎欧冠最长主场连续不败纪录：43场（1969年—1991年）

◎五大联赛球队正式比赛最长连胜纪录：23场（2020年2月16日—2020年9月25日）

◎五大联赛球队正式比赛连续不败纪录：32场（2019年12月12日—2020年9月25日）

◎欧冠小组赛全胜晋级纪录：2次（2019—2020赛季、2021—2022赛季）

进球纪录

◎德甲单赛季进球纪录：101球（1971—1972赛季）

◎德甲自然年进球纪录：116球（2021年）

◎五大联赛球队正赛连场进球纪录：85场（2020年2月16日—2021年10月27日）

失球纪录

◎德甲单赛季失球最少纪录：17球（2015—2016赛季）

◎德甲单赛季零封纪录：22场（2014—2015赛季）

球员纪录

1. 队史出场纪录：塞普·迈耶（702场）

2. 队史进球纪录：盖德·穆勒（563球）

3. 队史德甲出场纪录：塞普·迈耶（473场）

4. 队史德甲进球纪录：盖德·穆勒（365球）

5. 队史德甲连续不失球纪录：卡恩（802分钟）

6. 单赛季德甲进球纪录：莱万多夫斯基（41球）

7. 单赛季德甲助攻纪录：托马斯·穆勒（21次）

8. 年度进球纪录：莱万多夫斯基（69球）

9. 年度助攻纪录：托马斯·穆勒（36次）

10. 年度德甲进球纪录：莱万多夫斯基（43球）

11. 年度德甲助攻纪录：托马斯·穆勒（31次）

12. 欧冠最快进球纪录：马凯（10.12秒）

13. 德甲最快帽子戏法（3分22秒）、德甲最快大四喜（5分42秒）、德甲最快五子登科（8
分59秒）、德甲替补队员单场进球纪录（5球）：莱万多夫斯基

14. 欧冠最快大四喜：莱万多夫斯基（14分31秒）

15. 队史最年轻出场球员：万纳（16岁15天）

16. 队史最年轻进球球员：穆夏拉（17岁205天）

17. 德甲联赛连续进球纪录：盖德·穆勒（16场）

18. 队史欧冠联赛连续进球纪录：莱万多夫斯基（9场）

19. 队史替补登场德甲进球纪录：齐克勒（18球）

注：数据截至2021—2022赛季结束

历 任 主 帅

1963年以前

主帅	任期
威廉·海瑟林克博士	1902—1905
托马斯·泰勒	1906—1909
乔尔格·霍尔博士	1909—1911
查尔斯·格里菲斯	1911—1912
威廉·詹姆斯·唐利	1913—1921
伊齐多·库尔施纳	1921
汉斯·施密德	1921—1924
吉姆·麦克弗森	1924—1926
里奥·魏施	1926—1928
卡尔曼·康拉德	1928—1930
理查德·科恩	1930—1933
汉斯·陶赫尔特	1933—1934
路德维希·霍夫曼	1934—1935
理查德·米夏尔克博士	1936—1937
海因茨·科尔纳	1937—1938
路德维希·戈尔德布伦纳	1938—1943
康拉德·海德坎普	1943—1945
阿尔弗雷德·莎菲尔	1945
理查德·赫格	1946
约瑟夫·普廷格	1946—1947
弗朗茨·迪特尔	1947—1948
阿尔夫·林姆克	1948—1950
大卫·戴维森	1950
康拉德·海德坎普	1951
马克思·舍费尔博士	1951—1953
乔尔格·拜耶尔	1953—1954
乔尔格·科诺普夫勒	1954—1955
威利巴尔德·哈恩	1956—1958
阿道夫·帕特克	1958—1961
赫尔姆特·施耐德	1961—1963

1963年至今

主帅	任期	荣誉
兹拉特科·查科夫斯基	1963年7月1日—1968年6月30日	1次欧洲优胜者杯冠军 2次德国杯冠军
布兰科·泽贝奇	1968年7月1日—1970年3月13日	1次德甲冠军 1次德国杯冠军
乌多·拉特克	1970年3月14日—1975年1月2日	3次德甲冠军 1次德国杯冠军 1次欧冠冠军
德克马·克拉默	1975年1月16日—1977年12月1日	2次欧冠冠军 1次洲际杯冠军
久拉·洛兰特	1977年12月2日—1979年2月28日	
帕尔·策纳伊	1979年3月1日—1983年5月16日	2次德甲冠军 1次德国杯冠军
莱因哈特·萨夫蒂希	1983年5月17日—1983年6月30日	1次德国杯冠军
乌多·拉特克	1983年7月1日—1987年6月30日	3次德甲冠军 2次德国杯冠军
约瑟夫·海因克斯	1987年7月1日—1991年10月8日	2次德甲冠军 2次德国超级杯冠军
索伦·勒尔比	1991年10月9日—1992年3月11日	
埃里希·里贝克	1992年3月12日—1993年12月27日	

主帅	任期	荣誉
弗朗茨·贝肯鲍尔	1994年1月7日—1994年6月30日	1次德甲冠军
乔瓦尼·特拉帕托尼	1994年7月1日—1995年6月30日	
奥托·雷哈格尔	1995年07月1日—1996年4月27日	
弗朗茨·贝肯鲍尔	1996年4月29日—1996年6月30日	1次欧联杯冠军
乔瓦尼·特拉帕托尼	1996年7月1日—1998年6月30日	1次德甲冠军 1次德国杯冠军 1次德国联赛杯冠军
奥特马·希斯菲尔德	1998年7月1日—2004年6月30日	4次德甲冠军 2次德国杯冠军 3次德国联赛杯冠军 1次欧冠冠军 1次丰田杯冠军
菲利克斯·马加特	2004年7月1日—2007年1月31日	2次德甲冠军 2次德国杯冠军 1次德国联赛杯冠军
奥特马·希斯菲尔德	2007年2月1日—2008年6月30日	1次德甲冠军 1次德国杯冠军 1次德国联赛杯冠军
尤尔根·克林斯曼	2008年7月1日—2009年4月27日	
约瑟夫·海因克斯	2009年4月27日—2009年5月31日	
路易斯·范加尔	2009年7月1日—2011年4月10日	1次德甲冠军 1次德国杯冠军 1次德国超级杯冠军

主帅	任期	荣誉
安德里斯·容克尔	2011年4月10日—2011年6月26日	
约瑟夫·海因克斯	2011年7月1日—2013年6月25日	1次德甲冠军 1次德国杯冠军 1次欧冠冠军 1次德国超级杯冠军
佩普·瓜迪奥拉	2013年7月1日—2016年6月30日	3次德甲冠军 2次德国杯冠军 1次欧洲超级杯冠军 1次世俱杯冠军
卡洛尔·安切洛蒂	2016年7月1日—2017年9月28日	1次德甲冠军 2次德国超级杯冠军
威利·萨尼奥尔	2017年9月29日—2017年10月8日	
约瑟夫·海因克斯	2017年10月9日—2018年6月30日	1次德甲冠军
尼科·科瓦奇	2018年7月1日—2019年11月3日	1次德甲冠军 1次德国杯冠军 1次德国超级杯冠军
汉斯·弗里克	2019年11月3日—2021年6月30日	2次德甲冠军 1次德国杯冠军 1次德国超级杯冠军 1次欧冠冠军 1次欧洲超级杯冠军 1次世俱杯冠军
尤利安·纳格尔斯曼	2021年7月1日开始任期	1次德甲冠军 1次德国超级杯冠军

历 任 主 席

主席	任期
弗朗茨·约翰	1900—1903
威廉·海瑟林克	1903—1906
安格洛·克诺尔	1906—1907
库尔特·穆勒	1907—1908
安格洛·克诺尔	1908—1909
奥托·瓦格纳	1909—1910
安格洛·克诺尔	1910—1913
库尔特·兰道尔	1913—1914
弗雷德·邓	1914—1915
汉斯·图施	1915
弗里茨·迈尔	1915
汉斯·贝尔穆勒	1916
弗里茨·迈尔	1916—1919
库尔特·兰道尔	1919—1921
弗雷德·邓	1921—1922
库尔特·兰道尔	1922—1933
齐格弗里德·赫尔曼	1933—1934
卡尔·海因茨·厄廷格	1934—1935
理查德·阿莫斯迈尔	1935—1937
弗朗茨·努斯哈特	1937—1938
弗朗茨·凯尔纳	1938—1943
约瑟夫·绍特	1943—1945
弗朗兹·克萨韦尔·海尔曼赛德	1945
约瑟夫·拜尔	1945
齐格弗里德·赫尔曼	1945—1947
库尔特·兰道尔	1947—1951
尤里乌斯·朔伊林	1951—1953
阿道夫·费舍尔/卡尔利·维尔德/雨果·泰辛格	1953—1955
阿尔弗雷德·赖廷格	1955—1958
罗兰·恩德勒	1958—1962
威廉·诺伊德克	1962—1979
威利·霍夫曼	1979—1985
弗里茨·舍勒	1985—1994
弗朗茨·贝肯鲍尔	1994—2009
乌利·赫内斯	2009—2014
卡尔·霍普夫纳	2014—2016
乌利·赫内斯	2016—2019
赫伯特·海纳	2019—2021
奥利弗·卡恩	2021年开始任期

历 任 队 长

队长	任期
维尔纳·奥尔克	1965—1970
弗朗茨·贝肯鲍尔	1970—1977
塞普·迈耶	1977—1979
盖德·穆勒	1979
汉斯·格奥尔格·施瓦岑贝克	1979—1980
保罗·布莱特纳	1980—1983
卡尔·海茵茨·鲁梅尼格	1983—1984
克劳斯·奥根塔勒	1984—1991
雷蒙德·奥曼	1991—1994
洛塔尔·马特乌斯	1994—1997
托马斯·海尔默	1997—1999
斯特凡·埃芬博格	1999—2002
奥利弗·卡恩	2002—2008
马克·范博梅尔	2008—2011
菲利普·拉姆	2011—2017
曼努埃尔·诺伊尔	2017年开始任期

官 方 名 人 堂

球员	绰号
康拉德·海德坎普	特种兵
弗朗茨·贝肯鲍尔	足球皇帝
盖德·穆勒	轰炸机
乌利·赫内斯	实干家
保罗·布莱特纳	战略大师
塞普·迈耶	灵猫
汉斯·格奥尔格·施瓦岑贝克	保镖
弗朗茨·罗特	公牛
卡尔·海茵茨·鲁梅尼格	梦想家
克劳斯·奥根塔勒	纪录之王
洛塔尔·马特乌斯	头狼
斯特凡·埃芬博格	老板
奥利弗·卡恩	战神
梅赫穆特·绍尔	贪婪的冠军
比森特·利扎拉祖	奖杯收藏家
吉奥瓦尼·埃尔伯	桑巴射手
菲利普·拉姆	靠谱先生
巴斯蒂安·施魏因施泰格	足球之神

主 场 变 迁

列奥波德大街体育场

在建队之初，拜仁曾使用过许伦大街体育广场、特雷西娅草坪广场、克莱门斯大街空地、卡尔·特奥多大街体育场进行比赛。直至1907年，慕尼黑市拥有了历史上第一个有观众席的体育场——列奥波德大街体育场，而拜仁也由此成为第一家拥有正规体育场的慕尼黑俱乐部。

这座带顶棚的体育场能够遮风挡雨，场外的围栏甚至为收取门票提供了条件。1907年9月15日，拜仁在列奥波德大街体育场的落成仪式中以8：1击败瓦克队。1910—1911赛季，在拜仁对阵卡尔斯鲁厄队的比赛中，有创纪录的4000名球迷来到这里看球。

绿森林体育场

绿森林体育场建成于1911年。1912年2月18日，历史上第一场慕尼黑同城德比正是在这里举行，拜仁当时以1：0的比分击败了慕尼黑1860。1945年，这座在二战中受到重创的体育场经过战后重建，正式命名为"绿森林大街市立体育场"。

待到1963年德甲联赛诞生，绿森林体育场既是德甲球队慕尼黑1860的主场，也是拜仁完成升级之路时的主场。再到1965年8月14日，随着拜仁升入德甲联赛，绿森林体育场又见证了德甲历史的首场慕尼黑德比，但是拜仁以0：1的比分输掉了比赛。

此后，绿森林体育场见证了拜仁在欧洲足坛的崛起，这里也成为贝肯鲍尔、盖德·穆勒、迈耶等传奇球员开启足球生涯的首个大舞台。近年来，绿森林体育场作为慕尼黑1860、拜仁二队、慕尼黑土耳其力量队等德丙球队的主场继续发挥余热。

慕尼黑奥林匹克体育场

慕尼黑奥林匹克体育场为1972年慕尼黑奥运会兴建，还承办了1974年世界杯、1988年欧洲杯以及3次欧洲冠军杯决赛。1972年5月26日，联邦德国队与苏联队的友谊赛成为慕尼黑奥林匹克体育场所举办的首场正式比赛，从1972—1973赛季开始成为拜仁的主场。

在有着宏伟的帐篷式屋顶的奥林匹克体育场，拜仁度过了33个春秋，完成了诸多高举奖杯的荣耀时刻。在此期间，超过4000万人曾在这里与拜仁共同欢庆联赛冠军、德国杯称雄。尤文图斯、AC米兰等各路豪强都曾来到这座球场做客。

安联球场

　　慕尼黑安联球场，由德国拜仁慕尼黑和同城死敌慕尼黑1860联合出资建造，2002年10月开始施工，2005年5月31日正式启幕，是2006年德国世界杯开幕式赛场。

　　安联球场可提供75021个观众席位，进行洲际赛事时，球场容量限制为70000人。

　　安联体育场是欧洲最现代化的球场之一。当拜仁慕尼黑队主场比赛时，能容纳75000名观众的体育场将在照明系统的映射下成为一个红色的发光体，几千米外都可以看到。外墙体由2874个气垫构成，其中1056个在比赛中可以发光。当体育场中比赛的球队发生变化时，颜色就可以随之改变，其奇妙之处将远超想象。

　　安联球场是全球第一家由赞助商冠名的体育场，即德国安联保险集团。安联球场无论从经营、销售还是宣传等众多方面来说，都是最具现代化标准的时尚建筑之一。

　　2017年7月12日，拜仁慕尼黑宣布，慕尼黑1860与安联球场之间的合同解除，拜仁成为安联球场唯一的主人。

拜 仁 队 歌

拜仁慕尼黑足球队的官方队歌为《Forever Number One》（永远是第一），有德语和英语两版。不过在球迷中传唱更高的是《Stern des Südens》（南部之星），此歌也是拜仁官方指定的歌曲。

官方队歌：《永远是第一》FC Bayern forever no.1

德语歌词：

Es war ein langer weiter Weg

Wir wollten mehr von Anfang an

Das Spiel ist hart, doch wir sind dabei

Für uns zählt einzig der Erfolg

FC Bayern forever number one

You can call us the champions of the world

FC Bayern forever number one

We're much better than the rest

Wir geben alles bis zum Schluss

Was andres ist für uns nicht drin

Die grosse Chance, der Sieger holt den Cup

Die Nummer eins ist unser Ziel

FC Bayern forever number one

You can call us the champions of the world

FC Bayern forever number one

We're much better than the rest

Du weisst, Geschichte wird gemacht

Die Mannschaft einst, das Team von jetzt

Gemeinsam werden wir nie untergehen

Wenn wir mit euch zusammenstehen

FC Bayern forever number one

You can call us the champions of the world

FC Bayern forever number one

We're much better than the rest

英语歌词：

We walked along a narrow road

we gave our all right from the start

This game is hard but we don't give up

cause when we play we play to win.

FC Bayern forever number one

you can call us the champions of the world

FC Bayern forever number one

we're much better than the rest

We'll keep on fighting to the end

It's the only one way we know

you get one chance the winner takes it all

to be the best is all we know

FC Bayern forever number one

you can call us the champions of the world

FC Bayern forever number one

we're much better than the rest

So now our story's often told

The teams of now the teams of old

All as one we vowed we'd never fall

cause when we play we give our all

中文歌词：

漫漫长路，我们希望从头开始

比赛艰辛，我们患难与共

胜利是唯一的回报

FC BAYERN，永远的第一名

你们可以称呼我们世界冠军

FC BAYERN，永远的第一名

我们卓尔不群

从始至终，我们全力以赴

把握时机，胜者为王

第一名是我们永远的目标

FC BAYERN，永远的第一名

你们可以称呼我们世界冠军

FC BAYERN，永远的第一名

我们卓尔不群

球迷歌曲：《南部之星》Stern des Südens

【双语歌词】

Welche Münchner Fußballmannschaft kennt man auf der ganzen Welt?

哪一支慕尼黑的足球队闻名世界？

Wie heißt dieser Klub, der hierzulande die Rekorde hält?

哪一个俱乐部在这里保持着纪录？

Wer hat schon gewonnen, was es jemals zu gewinnen gab?

谁战无不胜？

Wer bringt seit Jahrzehnten unsre Bundesliga voll auf Trab?

谁数十年来一直带领着德甲勇往直前？

FC Bayern, Stern des Südens,

拜仁队，南部之星

du wirst niemals untergehen,

你永不会坠落

Weil wir in guten wie in schlechten Zeiten

因为我们同甘共苦

zu einander stehen.

互相扶持

FC Bayern Deutscher Meister

拜仁慕尼黑，德意志的王者

ja so heißt er, mein Verein,

是我挚爱的球队

ja so war es

从前如此

und so ist es

如今亦是

und so wird es immer sein.

永远都将是

Wo wird lauschend angegriffen,

哪里引人注目

Wo wird täglich spioniert?

哪里总是万众瞩目

Wo ist Presse, wo ist Rummel,

哪里是媒体的聚焦点，哪里充斥着爆料

Wo wird immer diskutiert?

哪里总是被纷纷议论？

Wer spielt in jedem Stadion vor ausverkauftem Haus?

谁总是在门票被一抢而空的体育场踢球？

Wer hält den großen Druck der Gegner stets aufs Neue aus?

谁总是让对手闻风丧胆？

FC Bayern, Stern des Südens,

拜仁队，南部之星

du wirst niemals untergehen,

你永不会坠落

Weil wir in guten wie in schlechten Zeiten

因为我们同甘共苦

zu einander stehen.

互相扶持

FC Bayern Deutscher Meister

拜仁慕尼黑，德意志的王者

ja so heißt er, mein Verein,

是我挚爱的球队

ja so war es

从前如此

und so ist es

如今亦是

und so wird es immer sein.

永远都将是

Ob Bundesliga im Pokal oder Champions League

无论是德甲、杯赛还是冠军联赛

ja gibt es denn was schöneres,

难道还有什么

als einen Bayern Sieg?

能比拜仁的胜利更加美妙？

Hier ist Leben, hier ist Liebe,

生活在这里，爱在这里，

hier ist Freude und auch Leid,

欢乐在这里，痛苦也在这里，

Bayern München, Deutschlands bester

拜仁慕尼黑，德国最棒

bis in alle Ewigkeit

直到永远

FC Bayern, Stern des Südens,

拜仁队，南部之星

du wirst niemals untergehen,

你永不会坠落

Weil wir in guten wie in schlechten Zeiten

因为我们同甘共苦

zu einander stehen.

互相扶持

FC Bayern Deutscher Meister

拜仁慕尼黑，德意志的王者

ja so heißt er, mein Verein,

是我挚爱的球队

ja so war es

从前如此

und so ist es

如今亦是

und so wird es immer sein.

永远都将是

FC Bayern, Stern des Südens,

拜仁队，南部之星

du wirst niemals untergehen,

你永不会坠落

Weil wir in guten wie in schlechten Zeiten

因为我们同甘共苦

zu einander stehen.

互相扶持

FC Bayern Deutscher Meister

拜仁慕尼黑，德意志的王者

ja so heißt er, mein Verein,

是我挚爱的球队

ja so war es

从前如此

und so ist es

如今亦是

und so wird es immer sein.

永远都将是

FC Bayern Deutscher Meister

拜仁慕尼黑，德意志的王者

ja so heißt er, mein Verein,

是我挚爱的球队

ja so war es

从前如此

und so ist es

如今亦是

und so wird es immer sein.

永远都将是

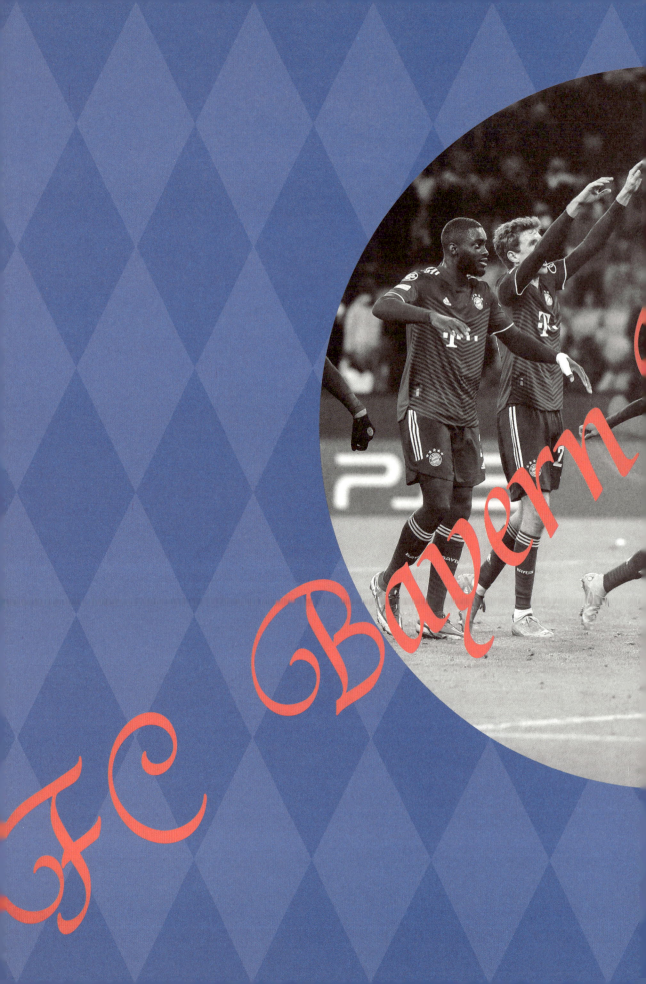

München

第十部分　球队文化

十 大 对 手

国内赛场

慕尼黑1860

现在一提到慕尼黑足球，人们首先想到的肯定是拜仁慕尼黑——德甲霸主、欧洲顶级豪强。但同城的慕尼黑1860历史更悠久，在拜仁崛起之前，慕尼黑1860一直是德国足坛雄霸南方的强队。

拜仁成立于1900年，慕尼黑1860，顾名思义，人家成立的时间比拜仁早了40年。

1963年，德甲联赛成立元年，有慕尼黑1860，没有拜仁慕尼黑。因为德国足协当时只允许每个城市有一支球队加入德甲，在慕尼黑自然只能是刚夺得冠军的慕尼黑1860。

拜仁直至1965—1966赛季才第一次参加德甲联赛，而该赛季的德甲联赛冠军正是慕尼黑1860。拜仁夺得第一个德甲联赛冠军，是1968—1969赛季。

两家在联赛中多次碰面，逐渐结下梁子。很长时间内，双方使用同一个体育场，比赛中经常出现两边球员拼得很凶、场下两边球迷对骂更凶的场面，冲突还不时从谩骂变成斗殴。

再看双方的战绩，早期拜仁是胜少负多，但是后期随着拜仁的崛起而出现了明显的强弱分明。特别是拜仁在20世纪70年代踏上欧洲之巅的同时，慕尼黑1860迅速没落，1970年降入德乙，自此一蹶不振。于是相比其他城市的著名同城德比，如米兰德比、曼市德比、鲁尔区德比、布宜诺斯艾利斯德比等，慕尼黑德比似乎"死敌"色彩远远不够。

门兴格拉德巴赫

1968—1969赛季，首夺德甲联赛冠军的拜仁，已经正式取代慕尼黑1860成为慕尼黑的老大，但在德甲联赛中，一个更加强大的竞争对手出现了，它就是门兴格拉德巴赫。从1968—1969赛季到1976—1977赛季，拜仁4次夺得德甲联赛冠军，而门兴是5次。与此回顾20世纪70年代，拜仁对决门兴才是德国的"国家德比"。

其中，相对拜仁的欧冠三连冠，同样实现德甲三连冠的门兴曾在1976—1977赛季杀进欧冠决赛，可惜1∶3负于"欧洲新贵"利物浦而无缘冠军。

同时，从1974年到1980年，拜仁曾连

续5个赛季无缘联赛冠军，长期被门兴压得抬不起头，这让拜仁将士备感屈辱。当时拜仁甚至面临破产，如果不是赫内斯成为俱乐部新经理并力挽狂澜，恐怕拜仁早已没落。

不过最终还是拜仁迅速崛起，1979—1980赛季、1980—1981赛季连续两个赛季问鼎德甲。门兴则走向没落，进入20世纪80年代后再也无力与拜仁抗衡。不过近年来，随着整体战力不断增强，门兴在联赛层面面对拜仁依然时不时会上演"冷门"，成为拜仁在国内不容小觑的对手。

汉堡

进入20世纪80年代，汉堡渐渐取代门兴成为拜仁在国内的新一代竞争对手。20世纪80年代初，汉堡盛极一时，以马加特为首的北部劲旅在1978—1979赛季、1981—1982赛季和1982—1983赛季三次夺得德甲联赛冠军。1983年，汉堡还曾杀进欧冠决赛，并依靠马加特的进球以1∶0击败尤文图斯而夺冠。

两队的关联之处还在于，1980年7月，从美国回来的拜仁名宿"足球皇帝"贝肯鲍尔加盟汉堡，踢了两个赛季后退役。

不过汉堡的辉煌极为短暂，20世纪80年代中后期，汉堡已走向没落。进入21世纪，汉堡已经成为拜仁眼中的绝对"鱼腩球队"，在降级前几乎每次面对拜仁都遭遇大比分惨败。

凯泽斯劳滕

凯泽斯劳滕被中国球迷熟知是雷哈格尔执教的1997—1998赛季创造了名扬天下的"凯泽斯劳滕神话"。在德甲历史上，凯泽斯劳滕一度也作为拜仁的死敌、苦主

存在，尽管存在的时间不长，但也足够让拜仁"刻骨铭心"。

1990—1991赛季，凯泽斯劳滕夺得队史第一座德甲联赛冠军奖杯，同时终结了拜仁的德甲两连冠。

1995年，雷哈格尔成为拜仁主帅，引进多名大将，如克林斯曼、斯福扎、赫尔佐格等，但赛季还没结束就被拜仁扫地出门了，拜仁也未能阻止新的"死敌"多特蒙德卫冕。

雷哈格尔接下来执教的是混迹于德乙联赛的凯泽斯劳滕，只一个赛季他就将凯泽斯劳滕带回德甲。

1997—1998赛季，刚重返德甲的凯泽斯劳滕，便成为拜仁卫冕的劲敌。而雷哈格尔重返德甲的首战，就是对阵老东家拜仁。最终，雷哈格尔执教的凯泽斯劳滕1∶0击败了不可一世的拜仁。赛季结束，凯泽斯劳滕以19胜11平4负积分68分的战绩夺冠，拜仁同样赢了19场，但比凯泽斯劳滕多输了2场，只能以2分之差屈居亚军。

只是限于实力，凯泽斯劳滕难以持续威胁到拜仁的霸主地位。1998—1999赛季，拜仁夺回德甲联赛冠军，凯泽斯劳滕最终仅位列第五，失去欧冠资格。在欧冠

战绩方面，凯泽斯劳滕曾打进8强，但两回合被拜仁6∶0横扫出局。

多特蒙德

自1971—1972赛季德甲客场被拜仁11∶1血洗，赛季结束含恨降入德乙后，多特蒙德便卧薪尝胆立志"复仇拜仁"，但他们直到1976年才重返德甲。当时的拜仁在欧洲赛场近乎天下无敌，在德甲则是门兴一度称霸。

但是多特蒙德依然一步一个台阶地不

断提升并实现复兴，至20世纪90年代中期时终于可以再度叫板拜仁。

20世纪90年代初，名帅希斯菲尔德成为"大黄蜂"主帅，球队网罗了穆勒、萨默尔、科勒、塞萨尔、里德尔等一干青年才俊，厚积薄发多年后终于在20世纪90年代中期迎来黄金时期。

1994—1995赛季、1995—1996赛季，多特蒙德连续夺得德甲联赛冠军，并为德甲贡献了一位金球奖得主萨默尔。1997年，萨默尔、穆勒领衔的多特蒙德杀进欧冠决赛，在决赛中以3：1击败拥有德尚、齐达内和皮埃罗等顶级球星的尤文图斯，登上欧洲之巅。然后在丰田杯中2：0击败克鲁塞罗队，一时天下无敌。

20世纪90年代末，拜仁从多特蒙德挖来希斯菲尔德，迅速重现辉煌，多特蒙德则逐渐走衰，一度还走到了破产的边缘。

2008年，被看作是"大黄蜂"重生的元年。新帅克洛普把更多的目光投向了青训，并开始重用球队青训球员。每一笔引援都必须是不需花费重金的年轻球员。

2010—2011赛季，多特蒙德赢得德甲联赛冠军，2011—2012赛季蝉联德甲冠军，并在德国杯中5：2击败拜仁夺冠。2012—2013赛季，多特蒙德与拜仁会师欧冠决赛，多特蒙德1：2惜败，但在接下来的德国超级杯中多特蒙德4：2击败拜仁夺冠。

此后随着格策、莱万多夫斯基等核心球员转投拜仁，以及克洛普离队，多特蒙德未能继续压制拜仁。

近几年的多特蒙德在经营上相当成功，低价引进潜力新星进行培养后以巨额价格卖出，已成为球队重要的经济收入来源，但是竞技成绩却已无法跟克洛普执教时期相比，特别是教练层面的差距依然明显。不过在实力层面，多特蒙德在与拜仁直接对话的"国家德比"中依然不乏战力，且时常有痛击拜仁的表现。

欧洲赛场

皇家马德里

"冤仇若不分明报，枉做堂堂大丈夫。"欧冠赛场，拜仁与皇马，均视对方为劲敌。

双方第一次交手，是1975—1976赛季欧冠半决赛，德甲豪门拜仁是当时的夺冠大热门。首回合在伯纳乌球场，罗伯特·马丁内斯首开纪录，盖德·穆勒为拜仁扳平比分。次回合在慕尼黑，穆勒的两粒进球终结了皇马的欧冠征程。

11年后，双方再次在欧冠半决赛中相遇。首回合拜仁主场4∶1狂胜皇马，次回合皇马主场1∶0取胜仍被淘汰。皇马旧仇未报，又添新恨。

但有再一再二没有再三再四，1987—1988赛季，双方在欧冠1/4决赛又相遇了。首回合在慕尼黑，皇马在0∶3落后的情况下奋起反击，将比分扳为2∶3；次回合在伯纳乌球场，皇马2∶0获胜晋级，鼎盛时期的拜仁从此走向没落。

1999—2000赛季，皇马、拜仁在小组赛、半决赛中两番相遇。小组赛首回合，拜仁客场4∶2大胜皇马，次回合拜仁主场4∶1再胜。半决赛中，首回合皇马主场2∶0获胜，次回合拜仁在主场也打进两球，但阿内尔卡的进球让拜仁出局。

2000—2001赛季，拜仁、皇马相遇于半决赛，拜仁客场1∶0、主场2∶1淘汰皇马，并最终捧起欧冠冠军奖杯。

2001—2002赛季，双方在1/4决赛相遇，皇马客场1∶2负、主场2∶0取胜淘汰拜仁。

2003—2004赛季1/8决赛，皇马客场1∶1逼平拜仁，回到主场1∶0获胜晋级。

2006—2007赛季1/8决赛，首回合皇马主场3∶2险胜，次回合客场1∶2小负，马凯打进欧冠历史最快进球，拜仁以客场进球优势晋级。

2013—2014赛季，双方在半决赛中相遇，首回合皇马主场1∶0获胜，次回合拜仁在自己的主场惨遭皇马4∶0血洗。

2016—2017赛季，双方在1/4决赛中相遇，首回合拜仁主场1∶2负，次回合客场2∶4再负出局。

2017—2018赛季，双方在半决赛中相遇，拜仁首回合主场1∶2负于对手，次回合客场2∶2平出局。

可以看出，在欧冠赛场，皇马、拜仁互相都是对方的苦主。

巴萨

拜仁与巴萨两支欧洲豪门首次在欧战淘汰赛中相遇，居然是1995—1996赛季欧联杯半决赛。当时的巴萨，"梦一王朝"时代已结束，在欧冠赛场已失去竞争力，而拜仁在德甲也霸权旁落，被崛起的多特蒙德压制。故而，沦落到踢联盟杯的两支球队在此相遇了。首回合，拜仁在客场2：2战平巴萨，次回合回到主场后2：1取胜，并最终赢得赛事冠军。

1998—1999赛季，双方在小组赛中再次相遇，拜仁主场1：0、客场2：1双杀仍处于低谷中的巴萨。

从这两次的情况看，拜仁才是巴萨的苦主。

而巴萨开始成为拜仁的苦主是在2008—2009赛季，瓜迪奥拉执教、梅西领衔的巴萨已进入天下无敌的"宇宙队"时代。1/4决赛，拜仁首回合在客场被巴萨4：0横扫，回到主场以1：1战平后出局。

2012—2013赛季，巴萨"梦三王朝"已经没落，而拜仁则在崛起。欧冠半决赛，巴萨被拜仁两回合总比分7：0横扫出局。

2014—2015赛季，接连引进了内马尔、苏亚雷斯后的巴萨卷土重来，"MSN组合"进攻火力天下无双，双方再次在欧冠半决赛中相遇。首回合，巴萨3：0大胜，次回合拜仁虽在主场3：2击败巴萨，但仍以总比分3：5出局。

2019—2020赛季欧冠1/4决赛，双方在中立场地单场决胜，强势的拜仁最终以8：2大胜巴萨后闯入四强并最终夺冠。

曼联

1998—1999赛季，拜仁、曼联第一次在欧冠赛场相遇。小组赛中，拜仁、曼联、巴萨同组，令这组成为绝对的"死亡之组"。拜仁主客场双杀巴萨，曼联主客场与巴萨均战成3：3平，拜仁主场战曼联2：2平，客场1：1再平，然后拜仁、曼联携手出线。

直至在巴萨主场诺坎普进行的决赛，拜仁再度对决曼联。开场不久，拜仁就以1：0领先，这个比分一直保持到90分钟，但在补时3分钟时间里，曼联连进两球逆转获胜。欧足联主席约翰森此时刚从看台出入口走出，后来他回忆当时的念头就是："太不可思议了！输球的在跳舞，赢球的在痛哭？"

2000—2001赛季，双方在1/4决赛中相遇，拜仁此次双杀曼联晋级后成功复仇，并一路杀进决赛捧起冠军奖杯。

2001—2002赛季，双方在欧冠第二阶段小组赛中又被抽到一起，首回合拜仁主场1：1平曼联，次回合客场互交白卷，两支球队都进入8强，只可惜那个赛季笑到最后的是皇马。

2009—2010赛季，双方在欧冠1/4决赛相遇。首回合，拜仁在最后时刻凭借奥利奇的绝杀以2：1取胜；次回合，曼联迅速取得三球领先，但是坚韧不拔的拜仁连扳两球，凭借客场进球优势而晋级，由此真正找到了复仇的感觉。

2013—2014赛季，拜仁和曼联在欧冠1/4决赛中相遇。此时，后弗格森时代的曼联已经趋向没落，主场1：1平拜仁，客场1：3输球后出局。

AC米兰

　　在欧战历史上，AC米兰堪称拜仁最大的苦主，只要在欧战赛场碰到AC米兰，拜仁的脚步就会停留在双方相遇的阶段。

　　1967—1968赛季欧洲优胜者杯半决赛，双方第一次在欧战中碰面。首回合AC米兰2：0获胜，次回合0：0平，拜仁出局。

　　1989—1990赛季，双方在欧冠半决赛狭路相逢。首回合AC米兰主场1：0取胜，

次回合回到主场的拜仁先进一球将AC米兰拖进加时赛，加时赛双方各进一球，拜仁2：1胜出，但仍因客场进球劣势出局。

　　2005—2006赛季欧冠1/8决赛，首回合拜仁主场被AC米兰1：1逼平，次回合去客场，拜仁1：4惨败AC米兰出局。当时拥有舍甫琴科、因扎吉、马尔蒂尼等名将的AC米兰正值巅峰，拜仁实在难以与之抗衡。

　　2006—2007赛季欧冠1/4决赛，拜仁又碰到了AC米兰。首回合在客场，拜

仁两度落后两度凭借范比滕的进球而扳平比分，却不料回到主场后被AC米兰2：0击溃。拜仁再次被AC米兰阻止了前进的步伐。

除了淘汰赛，拜仁就算在欧战小组赛中遇到AC米兰也难逃厄运。2002—2003赛季，欧冠小组赛还是分两个阶段进行，第一阶段小组赛拜仁与AC米兰同组，被AC米兰两个2：1双杀，最终小组垫底出局。

纵观历史10次与AC米兰交手，拜仁1胜3平6负，4次欧战淘汰赛与AC米兰相遇，被淘汰的都是拜仁；1次欧冠小组赛与AC米兰相遇，竟然小组垫底出局。这样的苦主，对拜仁来说，也只有一家了。如今，AC米兰沉寂数年，正走在恢复往日豪门荣光的路上，而期待复仇的拜仁则已等待这个对手数年之久。

马德里竞技

在西甲，皇马、巴萨并称"绝代双骄"，马竞则凭借近年来的持续表现跻身"西超"序列。不过，马竞的西甲联赛夺冠次数远不及皇马、巴萨，欧冠也只有三次杀进决赛，但均无缘冠军。

在欧战赛场，皇马、巴萨均是拜仁的苦主。拜仁碰到马竞的次数并不多，也谈不上巅峰对决，但一旦碰到了，"床单军团"也是很难缠的对手。

1973—1974赛季，拜仁、马竞都是首次杀进欧冠决赛。决赛中，90分钟0：0战平，加时赛马竞先进一球，几乎就要捧起冠军奖杯，但最后时刻拜仁奇迹般扳平。当时还未实行点球决胜制，双方择日重赛。两天后的重赛，拜仁4：0战胜马竞，首次登上了欧洲之巅。

2015—2016赛季欧冠半决赛，拜仁和马竞再度相遇。首回合，马竞主场1：0击败拜仁；次回合，狂攻不止的拜仁在主场2：1击败马竞，可惜因客场进球劣势而出局。

2016—2017赛季欧冠，拜仁和马竞小组赛又被抽到了一起。双方各自主场1：0获胜，平分秋色。最终，马竞小组第一、拜仁小组第二，双双晋级1/8决赛。

2020—2021赛季，双方再度在欧冠小组赛相遇。这一次，拜仁在首回合主场4：0横扫引进了苏亚雷斯的马竞，次回合则在马德里1：1战平。最终，双方依然携手出线，不过这一次的小组头名已经改为拜仁。

经 典 战 役

国内赛场

拜仁11：1多特蒙德
未来死敌结下梁子

比赛时间： 1971年11月27日

比赛性质： 1971—1972赛季德甲联赛

20世纪五六十年代，多特蒙德处于巅峰期，在德甲联赛成立前三次获得全国联赛冠军，1965—1966赛季，多特蒙德在欧洲优胜者杯赛场上战胜本菲卡、国际米兰、马竞等强敌，决赛2：1击败利物浦夺冠。这座分量极重的冠军是德国球队第一个欧战冠军奖杯，开创了德国球队赢得欧洲冠军的先河。但在这之后多特蒙德出售了多名主力，开始走下坡路。

"南部之星"拜仁则冉冉升起，与门兴争霸德甲。1971—1972赛季，拜仁夺得队史第二个德甲联赛冠军，并开启三连霸伟业。多特蒙德却在那个赛季降入德乙，直到1976年才重返德甲。

1971—1972赛季德甲第16轮，主场对阵多特蒙德的拜仁大开杀戒，"轰炸机"盖德·穆勒上演"大四喜"，赫内斯和罗特梅开二度，布莱特纳和霍夫曼各进一球，多特蒙德仅由韦恩考夫打入了一球。最终，拜仁在主场11：1取胜，创造了拜仁历史上的最大比分胜利，而多特蒙德遭到打击，随后一蹶不振，降入乙级联赛。

两队就此结下仇恨。"复仇拜仁"，成为多特蒙德卧薪尝胆的目标。

门兴1：7拜仁
将死敌拉下王座

比赛时间： 1979年3月24日

比赛性质： 1978—1979赛季德甲联赛

熟悉德甲的球迷都知道，拜仁对阵多特蒙德的比赛被称为"德国德比"，但"德国德比"也是分阶段的。

20世纪70年代，门兴对阵拜仁才是当时的"德国德比"。从1968—1969赛季到1976—1977赛季，德甲联赛冠军便由门兴和拜仁垄断，其中门兴5次、拜仁4次。

不过来到1978—1979赛季，这个赛季的德甲冠军不是拜仁的也不是门兴的，而是汉堡的。但这个赛季，却可以视作"拜仁兴、门兴衰"的分水岭。

1979年3月24日，门兴主场1：7惨败给拜仁，鲁梅尼格在比赛中上演帽子戏法。这场比赛，也是拜仁队史德甲客场最大比分胜利。

自此过后，拜仁一往无前，势不可当，渐渐成为德甲巨无霸式的豪门俱乐部；门兴则一蹶不振，再无昔日辉煌。

不莱梅0：0拜仁
点球诠释"拜仁狗屎运"

比赛时间：1986年4月22日

比赛性质：1985—1986赛季德甲联赛

在德国国内"非黑即粉"的拜仁，招黑原因除了过于成功，也跟他们总能得到幸运女神眷顾有关——德国足坛甚至有"拜仁狗屎运"这样一个流传了几十年的词语。

1985—1986赛季德甲，一个最能诠释"拜仁狗屎运"含义的点球，决定了冠军归属。

1985—1986赛季倒数第二轮，雷哈格

尔执教的不莱梅主场迎战拜仁，领先两分的不莱梅赢球即可提前夺冠。

这场比赛的热度在德甲历史上前所未见，但比赛却非常沉闷，双方球员都找不到攻破对方球门的办法。第77分钟，雷哈格尔决定打出自己的王牌——鲁迪·沃勒尔。

作为拜仁正印中锋，赫内斯在这场争冠大战中的表现比较一般。沃勒尔上场10分钟后，不莱梅把球吊向禁区右侧，拜仁中场莱尔比卡住身位，沃勒尔一路紧逼。球弹入禁区后，沃勒尔从后面伸出右脚一挑，然后张开双臂向裁判大喊"手球"！

当值主裁福尔克·罗特没有犹豫，果断指向点球点。不过慢镜头清楚地显示，莱尔比尽管有双手主动挡球的动作，但球正好穿过他的双臂、击中脸部，根本不是手球。当时如果有视频回放，这个点球肯定会被取消。当时担任电视台解说嘉宾的拜仁名宿布莱特纳看到如此判罚火冒三丈："完全没有点球！打的是脸！球只是打脸上了！"

"12码机器"库措普，这位31岁的不莱梅后卫此前已经连续罚中29个点球，却没能把沃勒尔创造出的争议点球罚进，不莱梅不仅错失提前夺冠的机会，还受到命运的诅咒。

比赛最终0：0收场，雷哈格尔的球队未能提前一轮夺冠，但最后一轮只要不输球，冠军仍将属于不莱梅。收官之战，不莱梅1：2负于斯图加特，拜仁主场6：0大胜门兴，拜仁以净胜球多9个的优势逆袭夺冠。

拜仁4：2斯图加特
金牌主帅扬名

比赛时间：1997年5月24日

比赛性质：1996—1997赛季德甲联赛

1996—1997赛季，德甲呈现"四强争霸"的局面，拜仁、勒沃库森、多特蒙德和斯图加特四支球队长期处于争冠的"第一集团"，冠军之争异常激烈。随着联赛进入收官阶段，多特蒙德和斯图加特逐渐掉队，但拜仁和勒沃库森的争夺依然胶着。前32轮结束后，拜仁积67分，勒沃库森仅以1分之差屈居次席。

德甲联赛第33轮，拜仁主场迎战拥有埃尔伯、博比奇和巴拉科夫"三驾马车"的斯图加特。尽管远在科隆的勒沃库森开场仅11分钟就处于落后局面，但这并没有让拜仁将士感到放松，第17分钟，斯图加特获得禁区右侧任意球机会，库福尔在混乱中头球解围没有顶远，施瓦茨禁区外迎球怒射得手！目睹了这个丢球，拜仁主帅特拉帕托尼生气不已，看台上的贝肯鲍尔也是五味杂陈。

接下来，拜仁展开全线反攻，齐格冒着被队友倒挂金钩破相的危险完成头球攻门，斯图加特球员在门内将球挡出，但是明察秋毫的主裁判默克判罚进球有效。如此判决导致斯图加特球员的不满，巴拉科夫更因情绪失控被红牌罚下，由此成为比赛转折点。此后的拜仁气势如虹，名将克林斯曼、绍尔接连进球，最终4：2战胜斯图加特，提前一轮夺冠。这也是金牌教练特拉帕托尼两次执教拜仁给球队留下的唯一联赛冠军奖杯。

拜仁3：1不莱梅
末轮逆转夺冠

比赛时间：2000年5月20日

比赛性质：1999—2000赛季德甲联赛

1999—2000赛季德甲联赛最后一轮赛前，领头羊勒沃库森领先拜仁3分，末轮客战升班马翁特哈兴队，只要不输球就能夺冠。但如果勒沃库森输了，同时拜仁战胜不莱梅，那么冠军就会是拜仁的，因为拜仁的净胜球比勒沃库森多。

最终，勒沃库森0：2负于翁特哈兴

队，年轻的巴拉克打进一球，不过是攻进自家球门的乌龙球。同时拜仁3：1战胜不莱梅，最后一轮神奇夺冠。

汉堡1：1拜仁
4分钟"夺冠派对"

比赛时间： 2001年5月19日

比赛性质： 2000—2001赛季德甲联赛

2000—2001赛季德甲联赛最后一轮赛前，领头羊拜仁领先身后的沙尔克04仅仅3分，末轮客战汉堡打平就能卫冕。但拜仁如果输了，同时沙尔克04主场战胜翁特哈兴队，那么冠军则属于净胜球占优的沙尔克04。

双方的比赛同时进行，当沙尔克04以5：3领先时，汉堡与拜仁的比分还是0：0。拜仁只想把时间耗完，拿到1分即可夺冠。比赛进入第90分钟，沙尔克04那边已经5：3结束；但是拜仁这边，第89分钟，波黑前锋巴巴雷茨头球攻破了卡恩把守的大门！比赛解说甚至提前宣布"2000—2001赛季的德甲冠军是沙尔克04"！

比赛已经结束的沙尔克04在焦急地等待汉堡这边的结果。作为德甲传统劲旅之一，沙尔克04上一次赢得顶级联赛冠军还是在德甲成立前的1958年。如今，漫长的等待似乎即将结束。巴巴雷茨进球后，有记者告诉沙尔克04官员，汉堡的比赛结束了，沙尔克04首次赢得了德甲冠军。成千上万名球迷冲进场内，球员在场上手舞足蹈，沙尔克04经理阿绍尔热泪盈眶，但这位记者的消息是错误的。

拜仁丢球后，比赛并没有结束，补时有3分钟，卡恩冲队友吼道："继续！继续坚持！"补时第150秒，从沙尔克04租借到汉堡的门将朔贝尔不慎在禁区内用手接回传球，被判间接任意球。埃芬博格把瑞典中卫帕特里克·安德森叫到身边："把球打进去，然后我们就可以回家。"禁区之内，8名汉堡球员外加门将挡在门前，还有几名拜仁球员夹杂其中。听到哨声后，埃芬博格轻轻横拨，安德森右脚怒射，球穿过人丛入网。比赛结束了！沙尔克04的"夺冠派对"，只维持了4分钟。

拜仁3：0沃尔夫斯堡
"罗贝里"首秀

比赛时间： 2009年8月29日

比赛性质： 2009—2010赛季德甲联赛

此前一个赛季，拜仁不仅痛失联赛冠军，甚至还被最终冠军沃尔夫斯堡在联赛中5：1羞辱。对此，拜仁在2009年夏天请来新帅范加尔并引进多名强援，却不料联赛前3轮2平1负难尝胜绩。此时，拜仁在转会窗口关闭前从皇马火速签下了荷兰边锋罗本。联赛第4轮拜仁迎来了沃尔夫斯堡。比赛的上半场波澜不惊，拜仁仅依靠戈麦斯的补射进球以1：0领先。进入下半场，刚刚加盟拜仁的罗本顶替阿尔滕托普出场，第63分钟，里贝里顶替奥利奇出场。仅过了5分钟，拜仁中场完成断球，里贝里持球快速突进后向前直塞，罗本停球顺势过掉后卫并左路小角度低射，球飞入远角，拜仁2：0扩大比分优势。

第81分钟，罗本后场带球至中线附近传给里贝里，后者快速推进至禁区右前侧再分球，罗本杀入禁区冷静扣过回追的后卫，然后在门前10米外右脚低射命中，把比分锁定为3：0。

本场比赛前，谁也想不到第一次联袂出场的罗本和里贝里在几乎没有同场训练的前提下，便产生如此强大的"化学反应"，而里贝里连续妙传帮助罗本的梅开二度，更是帮助球队面对沃尔夫斯堡完成雪耻之战。对拜仁球迷而言，这一切宛如梦境一般——在罗本完成第二粒进球后，里贝里与罗本搂在一起庆祝的场景，让全世界从此叫响了一个名字："罗贝里"！

柏林赫塔1：3拜仁
一战创造纪录无数

比赛时间： 2014年3月25日

比赛性质： 2013—2014赛季德甲联赛

2013—2014赛季德甲联赛第27轮，拜仁客战柏林赫塔，获胜就能提前7轮卫冕。双方该赛季首回合交手，拜仁主场3：2取胜，柏林赫塔成为该赛季前27轮唯一对阵拜仁单场进球超过1个的球队。本场比赛，凭借克罗斯、格策、里贝里的进球，拜仁最终3：1获胜。多项纪录就此诞生。

◎提前7轮夺冠，创造了六大联赛（五大联赛及荷甲）提前夺冠纪录。

◎德甲51年历史首支在3月就获得冠军的俱乐部。

◎德甲联赛跨赛季连续53场不败。

◎五大联赛连胜纪录被改写为19连胜。

◎德甲联赛客场10连胜新纪录。

◎连续65轮进球，打破巴萨保持的四大联赛连续进球场次（64轮）纪录。

拜仁5：1多特蒙德
开创连霸伟业

比赛时间： 2015年10月4日

比赛性质： 2015—2016赛季德甲联赛

2015—2016赛季德甲联赛第8轮，拜仁主场迎战多特蒙德。比赛从一开始，拜仁就牢牢掌控局面，穆勒上半场梅开二度，奥巴梅扬扳回一球。下半场，莱万多夫斯基梅开二度，格策再进一球，将比分锁定为5：1。

此役是瓜迪奥拉任内对多特蒙德最大比分胜利，也是多特蒙德新帅图赫尔上任后指挥的第一场国家德比联赛。瓜迪奥拉的球队彻底打掉了"大黄蜂"的反扑气焰，拜仁就此实现连霸。

2015—2016赛季之前，德甲联赛的最长连冠纪录是三连冠。2015—2016赛季结束，拜仁以领先多特蒙德10分的优势卫冕成功，创造了德甲联赛四连冠的新纪录。

拜仁5：2奥格斯堡
创造历史之战

比赛时间：2021年5月22日

比赛性质：2020—2021赛季德甲联赛

2020—2021赛季德甲联赛第34轮，拜仁主场迎战奥格斯堡。本场比赛前，拜仁已经提前锁定联赛冠军，但是本场比赛的焦点在于：此前追平盖德·穆勒保持的德甲单赛季40粒进球纪录的莱万多夫斯基，能否在这最后一轮打破历史纪录呢？

为了阻止自己成为历史纪录的背景板，奥格斯堡全场比赛专门针对莱万多夫斯基进行严防死守，守门员吉凯维奇更是只对莱万多夫斯基展现"开挂"表现。拜仁在上半场便以4：0领先奥格斯堡，但都是其他球员打进的，而莱万多夫斯基的3次射正全部被吉凯维奇神勇扑出。

下半场比赛，随着拜仁开始完成人员调整，球队进攻的威胁性和连续性大打折扣，难免让外界对莱万多夫斯基能否打破纪录更感忧虑。好在来到比赛最后时刻，最后一次为拜仁出战的哈维·马丁内斯发动进攻，在右路传中被解围后，萨内在禁区外大力低射被吉凯维奇扑出，没有越位的莱万多夫斯基迅速跟进晃过试图补救的吉凯维奇后轻松打入空门，压哨打破盖德·穆勒的40球纪录！

国际赛场

拜仁1：0格拉斯哥流浪者队
首个欧战冠军

比赛时间： 1967年5月31日

比赛性质： 1966—1967赛季欧洲优胜者杯决赛

1965—1966赛季，拜仁征战德甲联赛的首个赛季，最终获得联赛季军，还拿到了队史第二座德国杯冠军奖杯，从而获得1966—1967赛季欧洲优胜者杯参赛资格。

1966—1967赛季，拜仁在欧洲优胜者杯赛场一路杀进决赛，决赛中的对手是苏格兰球队格拉斯哥流浪者队。

20世纪五六十年代，格拉斯哥流浪者队曾是苏格兰足坛的霸主，也是欧洲足坛的一支劲旅。

常规时间双方0：0战平，加时赛，弗朗茨·罗特进球，帮助拜仁1：0获胜，首次夺得欧洲优胜者杯冠军，这也是拜仁队史上首次获得欧洲赛事冠军。

拜仁4：0马竞
登上欧洲之巅

比赛时间： 1974年5月17日

比赛性质： 1973—1974赛季欧冠决赛

1973—1974赛季，拜仁在德甲联赛中实现了三连冠伟业；而从1973—1974赛季开始，拜仁又在欧冠赛场开创三连冠伟业。

回顾历史，拜仁的前两次欧冠之旅并不成功，1969—1970赛季的欧冠"处子秀"便在首轮惨遭淘汰，1972—1973赛季的第二次欧冠之旅则不敌克鲁伊夫领衔的阿贾克斯。再到1973—1974赛季，拥有贝肯鲍尔、盖德·穆勒、迈耶等一众球星的拜仁再次向欧洲冠军杯发起了冲击。

这一次，拜仁在接连击败瑞典球队阿特维达堡队、民主德国球队德累斯顿迪纳摩队、保加利亚球队索菲亚中央陆军队以及匈牙利球队乌伊佩斯特队后，终于来到决赛地点——比利时的海瑟尔球场。或许对于那场决赛，人们更多的记忆是拜仁4：0大胜马竞，捧起了德国人的第一座欧冠奖杯。然而，这是欧冠历史上唯一重赛的决赛。

在第一场比赛中，马竞几乎就要捧起冠军奖杯了。双方90分钟互交白卷。欧冠决赛第一次出现0：0的比分。比赛进入加时赛，第114分钟，马竞中场阿拉贡内斯一脚精彩的任意球几乎宣判了拜仁的死刑，但在第120分钟，施瓦岑贝克的远射将拜仁拯救了回来。由于当时还没有引入点球决胜的决赛规则，双方只能择日重赛。

气数已尽的马竞，在两天后的重赛中毫无招架之力，乌利·赫内斯、盖德·穆勒双双梅开二度，拜仁4：0战胜马竞，首次登上了欧洲之巅。

拜仁1：1瓦伦西亚 重返欧洲之巅

比赛时间：2001年5月23日
比赛性质：2000—2001赛季欧冠决赛
1975—1976赛季，拜仁在完成欧冠三连冠伟业后，在欧冠赛场就开始"点儿

背"了。

1981—1982赛季杀进欧冠决赛，0：1
负于阿斯顿维拉队。

1986—1987赛季杀进欧冠决赛，1：2
负于波尔图队。

1998—1999赛季，拜仁与曼联会师欧
冠决赛，德甲、英超两大豪门对决，希斯
菲尔德、弗格森两大顶级名帅较量，却不
料常规时间还以1：0领先的拜仁在伤停补

时3分钟内被曼联2：1逆转。

2000—2001赛季，绝不言弃的拜仁
再度卷土重来。1/4决赛淘汰曼联，半决赛
淘汰皇马，决赛中的对手是西甲劲旅瓦伦
西亚。

开场仅3分钟，瓦伦西亚由门迭塔罚
进点球1：0领先。第6分钟，拜仁也获得
点球，但绍尔没有罚进。拜仁似乎情况又
有些不妙了。好在下半场开场3分钟，拜仁

获得第二个点球，这次改由队长埃芬博格主罚，进了！之后直到加时赛结束，双方都未能再进球，进入点球大战。点球一直罚到第7轮，拜仁凭借卡恩的神扑以5：4胜出，时隔25年再次捧起欧冠冠军奖杯。

拜仁4：0巴萨
击败"宇宙队"

比赛时间： 2013年4月24日

比赛性质： 2012—2013赛季欧冠半决赛首回合

自2000—2001赛季赢得欧冠冠军后，拜仁又开始"点儿背"了。

2009—2010赛季，拜仁杀进欧冠决赛，人员不整的情况下0：2负于国际米兰。

2011—2012赛季，拜仁杀进欧冠决赛，在占据优势的情况下和切尔西1：1战平，最终点球大战3：4告负。

回顾那个时代，正处于"梦三王朝"的巴萨常年被视为欧冠的最大热门，而梅西已经连续四年夺得金球奖，可谓足坛历史上前无古人。相对而言，拜仁则相对黯淡且陷入低谷，在德甲赛场则连续两年被克洛普执教的多特蒙德压制。

但是在2012—2013赛季，憋着一口气的拜仁简直无法阻挡，在接连淘汰阿森纳

和尤文图斯后与巴萨在欧冠半决赛相遇。首回合赛前，外界根本想不到在安联球场迎接巴萨的居然是一场0：4的完败。拜仁全场15次射门7次射正，巴萨全场仅4次射门且只有1次射正。梅西打满全场只有1次射门，还没有射正。

这一战，"宇宙队"被打落地球，昔日"瓜氏巴萨"天下无敌的战术体系被拜仁彻底击破。梅西也被证明了，他并非马拉多纳，在锋线仍然需要更强的帮手。

拜仁3：0巴萨
为"皇萨仁"正名

比赛时间： 2013年5月2日

比赛性质： 2012—2013赛季欧冠半决赛次回合

不知从何时开始，欧冠有了"皇萨仁"一说，但在2012—2013赛季之前，拜仁自己恐怕都不好意思。

从1991—1992赛季到2011—2012赛季，20年时间，皇马获得3次欧冠冠军，巴萨4次，拜仁只有1次，还不如2次的曼联，更不如3次的AC米兰。故而2012—2013赛季完全打出统治级表现的拜仁，完成了为自己正名的完美赛季。

如前文所述，虽然拜仁在欧冠半决赛首回合4：0领先已经掌握主动，但是次回

合的客场比赛依然未给巴萨留下面子。对此，巴萨自己已经提前缴械，梅西甚至都没有上场。最终，拜仁在客场3：0再胜巴萨，将多项耻辱纪录送给巴萨后昂首挺进决赛。

拜仁2：1多特蒙德
首次加冕三冠王

比赛时间：2013年5月26日

比赛性质：2012—2013赛季欧冠决赛

半决赛两回合7：0横扫巴萨后，拜仁连续两年杀进欧冠决赛。此次决赛的对手是多特蒙德，一支在过去两年始终把拜仁压在身下的同国死敌，并曾在前一个赛季德国杯中5：2大胜拜仁，夺得国内双冠王。

半决赛中，多特蒙德将C罗领衔的皇马打得落花流水。阵中名将如云，特别是莱万多夫斯基在半决赛首回合面对皇马上演了"大四喜"，同时多特蒙德在三条战线均有名将坐镇，在整体实力层面根本不处下风。

这一战，双方争夺的，不只是一个冠军奖杯，更是一个时代的霸权。若多特蒙德取胜，克洛普将率"大黄蜂"开启一个新的王朝时代。而拜仁励志洗刷此前三年两度折戟欧冠决赛的惨痛经历。

由于知己知彼，双方自比赛开场就展开对攻，让欧冠决赛呈现出有史以来最为精彩的对局。第60分钟，曼朱基奇打破场上僵局，拜仁1：0多特蒙德。第67分钟，多特蒙德获得点球，京多安主罚命中扳平比分。第89分钟，罗本完成绝杀，拜仁2：1击败多特蒙德夺冠。

2012—2013赛季，拜仁完成队史首个"三冠王"伟业。

拜仁2：2切尔西
复仇蓝军

比赛时间：2013年8月30日

比赛性质：2013年欧洲超级杯

2013年的欧洲超级杯，对阵双方分别是拜仁和切尔西，前者是当赛季的欧冠冠军，后者是欧联杯冠军。回顾2011—2012赛季欧冠，拜仁曾在自己的主场迎来欧冠决赛，但却在点球大战中不敌切尔西而无缘冠军。因此，此番换个地方再战，拜仁可谓是"仇人相见，分外眼红"。

同时，拜仁的主帅已换成瓜迪奥拉，切尔西的主帅则变成穆里尼奥，两大世界顶级名帅的巅峰对决，也是这场比赛的一大看点。

比赛第8分钟，托雷斯首开纪录，切尔西1：0领先。下半场开场仅2分钟，里贝里扳平比分。常规时间，双方1：1战平。进入加时赛，阿扎尔的进球让切尔西再次领先。不过加时赛最后时刻，马丁内斯为拜仁奇迹般再次扳平比分。进入点球大战后，拜仁以5：4胜出夺冠。

拜仁在此役成功复仇切尔西的同时，也夺得了队史第一座欧洲超级杯冠军奖杯。

巴萨2：8拜仁
彻底击垮巴萨

比赛时间：2020年8月15日

比赛性质：2019—2020赛季欧冠1/4决赛

2018年夏天，C罗转投尤文图斯后，"皇萨仁"在欧冠赛场的统治地位开始下滑。2018—2019赛季欧冠，皇马被打成"十六郎"，拜仁在1/8决赛中也被最后的冠军利物浦淘汰，巴萨在2015年赢得欧冠冠军后第一次闯入半决赛，也被利物浦击败。

不过来到2019—2020赛季，就在被普遍认为将进入低谷期时，拜仁却随着主教练弗里克在关键时刻接棒而强势逆袭，并再度展现出王者风范。最终，受疫情影响，2019—2020赛季欧冠从1/4决赛开始在中立场地实行单场淘汰制，而拜仁在1/4决赛的对手又是梅西领衔的巴萨。

当欧冠赛场迎来拜仁和巴萨的强强对决，外界或许在赛前会预测拜仁是晋级热门，然而又有谁曾想到德甲霸主最终完成一场创造历史的8∶2痛击！

8∶2的比分也成为历史上欧冠淘汰赛的最大比分纪录。

巴黎圣日耳曼0∶1拜仁 六夺欧冠冠军

比赛时间： 2020年8月23日

比赛性质： 2019—2020赛季欧冠决赛

欧冠半决赛，巴黎圣日耳曼3∶0击败来自德甲的莱比锡，拜仁则3∶0击败来自法甲的里昂。最终，法甲、德甲两大联赛的霸主会师2019—2020赛季欧冠决赛。

就阵容牌面实力来说，内马尔、姆巴佩两大巨星领衔，拥有迪马利亚、伊卡尔迪、维拉蒂、蒂亚戈·席尔瓦、纳瓦斯的巴黎圣日耳曼无疑是这个时代最强球队之一。不过拜仁强在整体，主教练弗里克打造的崭新体系焕发了强大战斗力，而头号射手莱万多夫斯基则迎来了职业生涯的最佳状态。

开场之后，拜仁继续通过前场逼抢以压制对手，巴黎圣日耳曼则不断通过反击创造绝佳机会。随着比赛不断推进，拜仁渐渐展现明显优势。

第59分钟，科曼包抄头球破门，拜仁打破比赛僵局。此后，拜仁把领先的比分保持到终场，时隔七年再度夺冠。

赛后，32岁的莱万多夫斯基跪地怒吼，他终于赢得了梦寐以求的欧冠冠军。

拜仁1∶0墨西哥老虎队 成就六冠王伟业

比赛时间： 2021年2月12日

比赛性质： 2020年世俱杯决赛

2019—2020赛季结束，拜仁队史第二次荣膺"三冠王"。进入2020—2021赛季后，拜仁在主教练弗里克的带领下又相继拿下欧洲超级杯冠军和德国超级杯冠军。受疫情影响，2020年世俱杯的举办时间由原定的2020年12月延期到2021年2月。2021年2月12日，拜仁迎来了世俱杯决赛。

相对于欧洲赛场的你争我夺，其实世俱杯的征程反而更容易一些。自洲际杯从丰田杯改制为世俱杯，南美列强早已无力和欧洲顶级强队抗衡。

最终在世俱杯决赛中，拜仁凭借帕瓦尔的进球以1∶0小胜墨西哥老虎队夺冠，由此成为继2009年的"梦三"巴萨之后，第2支在同一年度囊括国内联赛、国内主要杯赛、国内超级杯、欧冠、欧洲超级杯、世俱杯的"六冠王"球队。

百　大　球　星

注：排名不分先后

成立于1900年的拜仁慕尼黑足球俱乐部，是德国足球历史上最成功的俱乐部之一，也是欧洲甚至世界上极具影响力的足球豪门。截至2021—2022赛季，拜仁共夺得31次德甲联赛冠军、20次德国杯冠军、6次欧冠冠军、4次世俱杯冠军、9次德国超级杯冠军、2次欧洲超级杯冠军、6次德国联赛杯冠军。

2019—2020赛季，拜仁在主教练弗里克的带领下一路高歌猛进，先后获得德甲联赛冠军、德国杯冠军、欧冠冠军、欧洲超级杯冠军、德国超级杯冠军以及世俱杯冠军，成为继巴萨之后历史上第二支"六冠王"球队。

作为一支有着百年历史的豪门足球俱乐部，拜仁涌现出无数球迷耳熟能详的球星，这些人扛着球队不断前行。如迈耶、贝肯鲍尔、盖德·穆勒、鲁梅尼格、马特乌斯、卡恩、施魏因施泰格、罗本、托马斯·穆勒、莱万多夫斯基……

但是如果问哪些球星才是拜仁队史巨星，一千个人心中会有一千个哈姆雷特，不会有绝对完美的答案。我来盘点一下自己心中的拜仁队史百大巨星。

弗朗茨·罗特

杰里梅斯

布莱特纳

安德森

迈耶

哈格里夫斯

代斯勒

施瓦岑贝克

拉姆

奥根塔勒

德米凯利斯

普法夫

施魏因施泰格

范比滕

托尼

贝肯鲍尔

帕瓦尔

齐格勒

卢卡斯

托尔斯滕松

林克

鲁梅尼格

卢西奥

克洛泽

埃德尔

布雷默

托马斯·穆勒

格雷茨卡

科曼

泽罗伯托

维纳·沃克

马特乌斯

格纳布里

佐贝尔

比达尔

克林斯曼

利扎拉祖

曼朱基奇

纳赫特韦

巴德施图贝尔

萨尼奥尔

基米希

布特

奥尔豪泽

拉菲尼亚

丹特

盖德·穆勒

奥利奇

博阿滕

巴斯勒　　　　　　　卡佩尔曼　　　　　　约翰尼·汉森

罗本　　　　杜恩贝尔格　　　　　　　　　胡梅尔斯

　　　　　　　扬克尔　　　　乌多·霍斯曼

迪特·赫内斯　　　　　　　　　　　埃尔伯

聚勒　　　　　里贝里　　　　　　　　巴贝尔

普夫吕格尔　　　　德雷姆勒　　阿方索·戴维斯

　　　戈麦斯　　　沃尔法特

芬克　　　　　　　　　　　　　奥利弗·托恩

　　　哈维·马丁内斯

塔纳特　　　　　　　　　　　　　　巴拉克

　　　　　　　　库福尔

皮萨罗　　鲁伊特

　　　　萨利哈米季奇　　科勒尔

小鲁梅尼格　　　　　　维特切克

　　　　　斯特伦茨　　　　　蒂亚戈

乌利·赫内斯　　　齐格

　　　　　　　　　埃芬博格

奥曼　　卡恩　　尤尔津霍

扬·沃特斯　　　　　　　　克罗斯

　范博梅尔　　　绍尔

　　　　海尔默　　　　　阿拉巴

莱万多夫斯基　　内林格

布伦宁格　　马凯　　诺伊尔

尼德迈尔　　　　　　　克罗伊策

绿 茵 好 莱 坞

球迷眼中的拜仁

足球俱乐部，尤其是有些历史的足球俱乐部，一般都有绰号和昵称，并且时间久了还不止一个。拜仁除了"南大王"，还有"其""五仁""饼"等称号。

南大王——慕尼黑位于德国南部，拜仁本身有"南部之星"的称号，在德甲是霸主级别的存在，在欧洲也具有足够的竞争力，至少可谓一方诸侯王。中国球迷给它起了这个名字，可能也由此联想到《天龙八部》大英雄乔峰的一个身份——辽国"南院大王"。聚贤庄一战，乔峰一人力战群雄，无人能敌。而在拜仁队史上，也不乏这样的"血腥杀戮"。

德甲赛场，1971—1972赛季德甲联赛第16轮，拜仁主场11：1狂扫多特蒙德，"轰炸机"盖德·穆勒上演"大四喜"，赫内斯梅开二度，"足球皇帝"贝肯鲍尔、布莱特纳、霍夫曼都有进球，韦恩考夫为多特蒙德打进挽回颜面的一球。多特蒙德自此一蹶不振，降入乙级。德甲也自此进入"多特衰、拜仁兴"的时代。

欧冠赛场，拜仁也从来不讲"情面"。2012—2013赛季欧冠半决赛，面对梅西领衔的巴萨，拜仁主场4：0获胜，客场3：0再胜。两回合0：7的总比分惨败出局，无论是巴萨队史，还是梅西个人生涯，这都是抹不掉的耻辱。

2019—2020赛季欧冠1/4决赛，巴萨一度视为夺冠热门，但在中立场地进行的单场决胜，巴萨惨遭拜仁8：2屠戮，巴萨队史、梅西个人生涯惨败纪录再次被刷新。

2019—2020赛季欧冠小组赛阶段，拜仁就客场7：2狂胜前一个赛季杀进欧冠决赛的热刺队，没过多久，热刺队功勋主帅波切蒂诺就被解雇了。

2019—2020赛季，中途接手的弗里克执教的拜仁，几乎就是"狂胜""连胜""夺冠"的代名词。2019—2020赛季，拜仁创下了欧冠赛场全胜夺冠的纪录。2020年各项赛事23场连胜，是德甲以及欧洲五大联赛球队各项赛事最长连胜纪录。

其——起源于2012年国内媒体的一次投票，是中国球迷对拜仁的一个称呼，那年有个关于欧冠四强的投票中，投票选项分别是皇马、巴萨、切尔西和其他球队。所以拜仁就被戏称为"其他球队"，简称为"其"。如果有人用"我其"或者"你其"称呼拜仁就知道他是不是拜仁球

迷了。

五仁——是"被灌了五个球的拜仁"的简称。2013—2014赛季欧冠半决赛，拜仁以0∶5的总比分惨败于皇马，很是悲惨。而五仁月饼在那几年成为黑暗料理的代表，吃得人惨兮兮的。把两者联系起来，就有了这个戏谑的名字。

饼——在有了"五仁"这个名字之后，又有球迷直接用"月饼"代替"五仁"称呼拜仁，这样显得更含蓄而有意思，然后简称了"饼"，而且拜仁的队徽也确实像个大圆饼。

球迷眼中的球员

拉姆：队短

队短： 拉姆是球队的队长，但是因为身材矮小，所以球迷们把"队长"称作"队短"。

罗本：小飞侠、罗老汉

小飞侠： 罗本从出道时到离开拜仁，速度极快，盘带令人眼花缭乱，故名"小飞侠"。

罗老汉： 在切尔西效力时，罗本头发日渐稀少，年纪轻轻就酷似老汉。

里贝里：刀疤侠、安联国王

刀疤侠： 里贝里幼年时曾遭遇车祸，在脸上留下了恐怖的疤痕。

安联国王： 里贝里加盟拜仁时几乎凭一己之力带动球队前场，被呼作"安联国王"。

托马斯·穆勒：二娃

二娃： 穆勒号码是25号，而且人特别活泼、特别"二"。

诺伊尔：小新、臀新

小新： 德语中"neuer"有"新"的意思。

臀新： 诺伊尔的臀部非常大，于是又被称为"臀大的小新"，简称"臀新"。

阿拉巴：刘星

刘星： 阿拉巴长相酷似中国著名情景喜剧《家有儿女》中的刘星。

基米希：鸡米花、鸡哥

鸡米花： 由基米希的名字谐音衍生出来的。

鸡哥： 基米希球技不错，脾气火暴，2017年联合会杯上与比达尔发生冲突，两人被智利球员拉开，网友以这个动作截图制作表情包"鸡哥，算了算了"，由此被称为"鸡哥"。

道格拉斯·科斯塔：狗剩、狗圣

狗剩： 因为道格拉斯发音类似"dog last"，被球迷翻译成"狗剩"。

狗圣： 科斯塔加盟拜仁后表现十分出色，于是改为"狗圣"。

胡梅尔斯：狐媚、胡肯鲍尔

狐媚： 是由胡梅尔斯的谐音衍生出来的。

胡肯鲍尔： 形容胡梅尔斯踢法激进，善于带球向前突破，球风颇似贝肯鲍尔。此外，拜仁中卫聚勒也被称为"聚肯鲍尔"。

帕瓦尔：帕卷、卷毛

帕卷、卷毛： 头发自然卷，而且长相很帅。

阿方索·戴维斯：阿芳、哔哔鸟

阿芳： 由谐音衍生出来的爱称。

哔哔鸟： 在多特蒙德0：1拜仁的赛后，穆勒接受采访时形容戴维斯像动画片中的哔哔鸟一样，充满着能量。

拜仁趣闻

有文化的"仁"

球队建立初期，拜仁对会员有着严格的把控制度。在1908年以前，俱乐部一直保留着"非高中毕业者不得加入"的门槛。

"灵猫"逮不住禁区的鸭子

1974—1975赛季，拜仁主场对阵科隆，全场占据绝对优势，在已经4：0领先的情况下，门将"灵猫"迈耶实在无聊。这时，一只鸭子大摇大摆闯入拜仁禁区，迈耶终于有事可做。可惜拜仁传奇门将在鸭子身后赶了许久，也没有抓到这位"不速之客"。几十年之后，在2012年可口可乐的广告中，迈耶的后辈诺伊尔用扑鸭子的动作向其致敬。

大赛紧张小将以酒壮胆

1975—1976赛季欧冠决赛，拜仁向着欧冠三连冠发起冲击。在决赛鸣哨前20分钟，队内有一位小将紧张得说不出话。此时拜仁主帅克拉默直接端来两瓶干邑与其对酌。酒壮怂人胆，这名小将在之后的比赛中果然发挥不俗，并且之后成了拜仁的传奇，他的名字叫鲁梅尼格。

一次换人引发的退役

1983年夏天，拜仁第一次到亚洲进行商业赛，比赛中，赫内斯想让教练换下队中大将布莱特纳，把自己换上去。布莱特纳听闻后火冒三丈，直接走到场边坐了下来。香港裁判以为对方是在挑衅裁判，于是给布莱特纳出了张红牌驱逐出场。在此之后，怒火中烧的布莱特纳宣布退役，彻底远离这家惹他不快的俱乐部。

提前庆功却输球

2004—2005赛季欧冠决赛，AC米兰上半场3：0领先利物浦，下半场被扳平，最终点球大战输了。后来有人说AC米兰将士在中场休息时已经开始提前庆祝了，虽然遭到马尔蒂尼否认，但你信吗？上半场就三球领先，不庆祝才奇怪了。

拜仁其实早就有过先例了。

1986—1987赛季欧冠决赛，拜仁对阵波尔图，比赛似乎没有悬念。拜仁时任主席舍勒甚至通宵写好了一份演说稿，准备在比赛结束后就向全城朗读。

上半场结束，拜仁1：0领先，舍勒一遍遍地在更衣室里排练动作、眼神，希望给大家留下最甜美的夜晚。但下半场波尔

图连进两球，最终2∶1逆转获胜。

主帅犯浑致大胜被判负

1994—1995赛季，名帅特拉帕托尼执教的拜仁战绩糟糕。在拜仁执教的一年，意大利老师竟然不会用德语从1数到10，与球员的交流可以想象。后半程对阵法兰克福，第72分钟，拜仁已5∶2领先，特拉帕托尼换上业余队小将哈曼。根据当时德国足协规则，每场比赛最多只能使用三名非一队球员，哈曼上场则是第四名了。赛后，这场比赛被德国足协改判拜仁0∶2负。

马特乌斯打赌输钱又丢人

1996年欧洲杯，球星云集的德国队夺得冠军，克林斯曼、马特乌斯等主力均来自拜仁，不少通过电视看了欧洲杯的中国球迷，也因此成为德国队、拜仁球迷。"金色轰炸机"成了无数中国球迷的偶像，但并不是所有人都看得惯他，比如马特乌斯。欧洲杯期间，克林斯曼就一直鼓动主帅拿下马特乌斯队长袖标。回到俱乐部，马特乌斯的拜仁队长袖标便被夺走，从此马特乌斯对克林斯曼怀恨在心。马特乌斯与当时的经理赫内斯打赌，克林斯曼在1996—1997赛季联赛进球不会超过15

个，赌注为1万马克。克林斯曼听闻后，在那个赛季33场比赛恰好打进15球，马特乌斯不仅输了钱，还丢了人。

啤酒+香肠换来德甲冠军

1999—2000赛季德甲联赛最后一轮前，拜仁落后第一名勒沃库森3分，拜仁要想夺冠，必须击败不莱梅，同时同城小弟翁特哈兴队需要阻击勒沃库森。

赛前，拜仁主席赫内斯向翁特哈兴队承诺，如果他们击败勒沃库森，就给他们送去10升啤酒和10千克香肠，有球迷会说，当两个人的宵夜都不够，但赫内斯还许诺送给他们旅游机票。

拜仁球迷也没闲着，他们做了一个10千克重的大蛋糕犒劳翁特哈兴队球员。蛋糕上写着："亲爱的道姆（时任勒沃库森主帅），你继续做白日梦吧；亲爱的高蒙特（时任勒沃库森总经理），今日你将受到重挫；亲爱的赫内斯、贝肯鲍尔和鲁梅尼格，勒沃库森定会俯首称臣。"

最终，翁特哈兴队2：0击败勒沃库森，拜仁战胜了不莱梅，以净胜球优势成功拿下冠军。

游戏如人生

多特蒙德、拜仁、德国国家队，可能

都会为天才新星格策的早衰惋惜。但格策并不是第一个。

2003年夏天，一直被伤病所困扰的天才中场代斯勒终于有了代表拜仁出场的机会。在之前养伤期间，德国的一家体育游戏公司设计了一个足球游戏供代斯勒试玩，但代斯勒对自己在游戏中的各项指标都不是很满意："（在游戏中）我的体力值和速度都比较差，很容易受伤，以至于我不得不把自己安排到板凳上。我给游戏开发商打电话，他们竟然告诉我是因为我受伤了，好在我的潜力值还是不错的。"

转会球员失踪了

2008年夏天，转会窗即将关闭，英超球队斯托克城队准备引进很难在拜仁打上主力的莱尔。两家俱乐部在周二当天15：30左右已经基本就转会达成一致，转会费在350万欧元左右。在英格兰，转会窗直到周二下午18：00才关闭。

然而就在这个时候，拜仁发现没有人知道这名右边卫的下落，这使得球员本人无法出面接受来自英格兰俱乐部的邀请和协议。莱尔"人间蒸发"了，最终这笔转会交易流产。

中　国　情　缘

拜仁中国行

20世纪90年代，随着电视转播的兴起，欧洲五大联赛开始进入中国球迷的视野。但对普通球迷来说，去现场看高水平比赛，近距离接触世界顶级球星，是一件非常困难的事。对五大联赛豪门俱乐部来说，中国球迷众多，市场广阔，有着无限的商业开发前景。

从20世纪90年代末期开始，足球强国国家队、五大联赛顶级豪门俱乐部陆续开启中国行，各种友谊赛、邀请赛、商业赛，名为回馈中国球迷，实际就是一次"捞金之旅"。向来德国国脚云集的德甲霸主拜仁也不例外。

1999—2000赛季德甲联赛结束，拜仁首次访华，与上海申花队踢了一场友谊赛。

2007年7月1日，在香港大球场进行的"回归杯"足球赛中，拜仁2∶1战胜巴西圣保罗队。

2012年夏天，拜仁正式开启中国行，在北京和北京国安队踢了一场友谊赛，然后赴广州和沃尔夫斯堡一同参加奥迪俱乐部杯。

2015年夏天，拜仁开启了为期9天的中国行，在北京、上海、广州踢了三场热身赛，然后正式在上海设立官方的拜仁俱乐部办事处。四次访华，仅2015年夏天中国行就赚了千万欧元的出场费。

2017年夏天拜仁中国行，主要就是参加国际冠军杯中国站的比赛，拜仁、多特蒙德、AC米兰、国际米兰、阿森纳、里昂六大豪门来华，在上海、广州、深圳、南京4个城市进行比赛，有点类似于后来的"欧洲超级联赛"。不过，拜仁的战绩并不理想，先是点球大战3∶4不敌阿森纳，接着0∶4惨败于AC米兰。

2017年拜仁中国行的点睛之笔大概就是免费向所有球迷开放的球迷嘉年华了。

中国球队对阵记录

拜仁VS申花队

比赛时间：2000年5月30日

比赛地点：上海

比赛性质：友谊赛

    这是拜仁队史第一次访华。申花队派出替补阵容，三名外援、三名国脚都坐在看台上观战。拜仁也是半主力出场，卡恩和参加欧洲杯的国脚都没来。凭借沙尔弗的梅开二度，维辛格终场前的进球，拜仁3∶0大胜。

拜仁VS中国国奥队

比赛时间：2008年1月12日

比赛地点：慕尼黑

比赛性质：热身赛

    杜伊科维奇执教的中国国奥队，阵中有王晓龙、于海、李玮峰、朱挺等国内顶级球星。拜仁全主力出战，托尼、范博梅尔、施魏因斯泰格、克洛泽等世界级球星均上场，最终拜仁7∶2大胜中国国奥队。

拜仁VS国安队

比赛时间：2012年7月24日

比赛地点：北京

比赛性质：邀请赛

拜仁球星拉姆、施魏因斯泰格都没有来，但里贝里、罗本两大巨星的登场还是引发了球迷的狂热追捧，首发出战的还有诺伊尔、曼朱基齐等球星。国安队首发则以替补为主，以锻炼年轻球员为主要目的。

上半场，国安队后卫将球踢进自家球门，拜仁1：0领先。罗本、皮萨罗、穆勒、曼朱基齐、戈麦斯接连进球，最终，拜仁6：0大胜国安队。

拜仁VS恒大队

比赛时间：2013年12月18日

比赛地点：摩洛哥

比赛性质：世俱杯半决赛

拜仁对阵里皮执教的中超新霸主恒大队，欧冠冠军对阵亚冠冠军，瓜迪奥拉执教的德甲霸主以3：0完胜。第40分钟，里贝里打破场上僵局。4分钟后，曼朱基齐扩大比分。下半场，格策世界波锁定胜局。恒大队完全被压制，全场两次射门0射正。拜仁还有5次射门击中门柱弹出。

拜仁VS恒大队

比赛时间：2015年7月23日

比赛地点：广州

比赛性质：国际冠军杯

双方都是连战疲累，阵容不整。常规时间内都未能取得进球，0：0战平。点球大战中，曾诚扑出了穆勒的点球，最终恒大队5：4击败拜仁，成功复仇，送给拜仁中国之行首场失利。

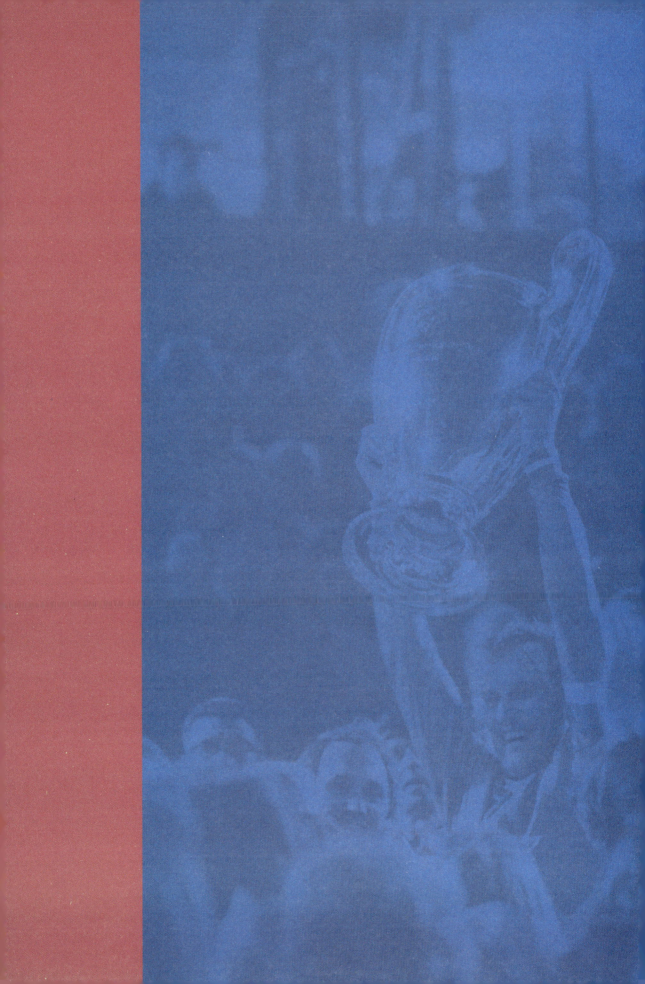

后记

我们为什么还是支持拜仁慕尼黑？

文/晴空

对于中国球迷而言，迷恋上一支远在欧洲的足球俱乐部，或许有着种种不同的缘由，例如偶像的魅力。不过，真正成为一家俱乐部的"三十年"死忠，肯定有着更为深层次的认知和阅历，诚如始于颜值，陷于才华，忠于人品！

作为80后球迷，在那个国内足球直播极为匮乏的时代，我最初关注到拜仁正是马特乌斯回归后的首场比赛。此后随着儿时喜欢的球员克林斯曼同样来到拜仁，我的主队自此成了拜仁慕尼黑。不过，真正在若隐若离中陪伴我成长的偶像却是另一位球星——梅尔穆特·绍尔。

从1992年到2007年，这位"赤子"陪伴拜仁每个日出到日落。我亲眼看见当年目中无人的张狂小子，渐渐成为低调温和的谦谦君子；曾经壮志凌云的雄心勃勃，被伤病累累折磨成镜花水月，唯独传奇生涯不会为结果所改变，只因过程而动人。这，就是"拜仁之子"展现的动人魅力，更是这支百年豪门的底蕴所在。

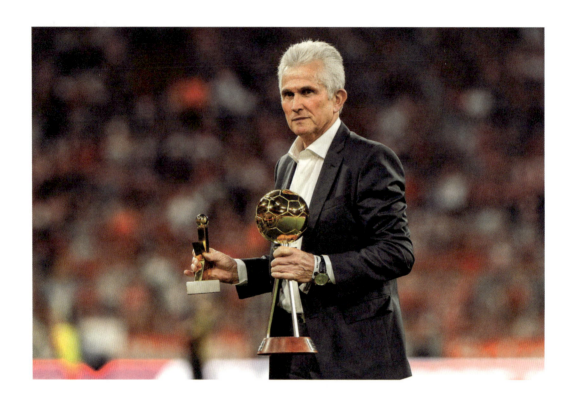

正因为这份如陈年旧酿般更显醇香的记忆，我相信无数拜仁球迷更为珍惜过往十余年战绩傲人的强大拜仁。因为这支由范加尔精心设计、海因克斯推向巅峰、瓜迪奥拉顺势改革、弗里克完美打造的"南部之星"，其实留给我们的不仅是十连冠、六冠王的纪录和奖杯，更是在失败走向成功的过程中彰显出的源自拜仁骨髓的独特精神，犹如当年一次次跌到、一次次起身的绍尔，永不言弃、实现涅槃。

"老仁与海"：动人的足坛故事

在此，让我们首先把时光倒转回2017年10月。当安切洛蒂麾下的拜仁0：3败走巴黎王子球场时，公开化的矛盾和将帅决裂似乎预示着这支"老态龙钟"的球队已经病入膏肓。试问在这败军之际、危难之间，能够及时站出来拯救拜仁的又有何人？正是最深爱拜仁的主教练——时年已经73岁的海因克斯。

正是海因克斯，为拜仁找回了德系战术的最强战力！他摒弃与拜仁进攻基因不相符的原有体系，并借鉴先进战术不断丰富进攻选择，进而让快速攻防、两翼齐飞、高举高打的风格再次成为拜仁的战术主流，于是具有传统德系风格的拜仁再度归来，而接近九成的胜率更是让球迷们再次看到了曾经"宇宙仁"的巅峰才华。

正是海因克斯，让麾下弟子看到了最出色的自己！纵然73岁"高龄"，但是海因克斯依然站在足坛战术领域的最高端，他对麾下弟子的合理使用和潜力挖掘继续彰显着执教智慧。除了令J罗凤凰涅槃，海因克斯还帮昔日弟子马丁内斯、阿拉巴等人再度实现人尽其才，并让老将"罗贝里"再次焕发活力。此外，海因克斯针对诸多新弟子也是着墨颇多——基米希真正接过拉姆衣钵，科曼开窍后成为最具威胁的攻击线……

正是海因克斯，让"南部之星"再度成为团结的整体！当一位73岁老人放弃舒适的退休生活，毅然选择回归挽救自己深爱的母队，这份深情已然感动所有人。此外，海因克斯严肃纪律的威信令人无法违背，而其善待球员的魅力又令人心悦诚服。此时再回想海因克斯在拜仁提前夺冠后引导球迷把掌声献给"罗贝里"，以此作为支持两位老将续约的动人表现，试问有谁不为如此伟大的教练"士为知己者死"呢？

正是海因克斯，让沉睡许久的拜仁终于彻底苏醒！当主力球员在赛季末相继倒下，但是支撑拜仁的还有海因克斯，他为拜仁唤醒的铁血精神和不屈意志，就像那个赛季欧冠联赛在伯纳乌的背水一战，子弹已经打光的拜仁依然敢于亮剑，依然在毫无缓冲的比赛中用高强节奏贯彻比赛的每一分钟，贯穿赛场的每个角落……

拜仁精神：想到你会拼，没想到你会这么拼！

就在2017—2018赛季的关键时刻，拜仁再度遭遇伤病潮。在一位位核心球员相继倒下后，拜仁因球员失误在欧冠半决赛首回合1：2不敌老对手皇马；再到客场的第二回合比赛时，球队已经伤停大半个主力阵容，甚至需要二队小将才能凑齐替补席。对于困境，让本就深度不足的拜仁不得不把战术设计全部摆在明面上，甚至连首发阵容也无秘密可言。

纵然如此，海因克斯教练依然积极，甚至敢于做出人员调整——他放弃中场防守屏障马丁内斯，并把伤愈复出不久的新援托利索列入先发。正可谓明知山有虎，偏向虎山行。这套不做保留、全力强攻的明显布局，不仅源自拜仁肩负至少打进两球的压力，更重要的是海因克斯把他的魄力与胆识融入全队，进而在球队近乎"子弹全部打光"的局面下依然敢在伯纳乌"亮剑"！

这就是拜仁的精髓！海因克斯教练看似牺牲防守、全线进攻的设计颇为冒进，但是海因克斯深知攻势足球才是真正的拜仁需要的，而这种宁要3：2不要1：0的积极姿态让拜仁在全场比赛展现出比首回合更强势的表现，全场超过六成的控球率，多达21次的射门，试问有哪支球队能在伯纳乌把皇马摁在禁区里狂攻呢？这就是拜仁，这就是在背水一战中敢于亮剑的拜仁。

于是我们看到，拜仁自比赛伊始便展现出明显高于皇马的积极性与主动性，源自中场的传递配合和渗透踢法更是展现出西班牙足球的特点，此间的化学反应让拜仁在与皇马的中场对决中明显占据上风，由此可以看出73岁"高龄"的海因克斯教练依然站在世界足球战术的最前端。

就是这场荡气回肠的90分钟对决，哪怕拜仁依然无法阻挡防线失误造成的意外失球，但是托利索和J罗的进球依然让球队把比赛的悬念维系到了最后时刻。特别是如此高强度的节奏和毫无缓冲的比赛让拜仁在下半场面临体能极限的挑战，而海因克斯教练最后只能做出瓦格纳和马丁内斯两次换人。

正如海因克斯赛后所言："我无法在下半时补充太多实力。"几乎没有后手的拜仁依靠场上球员的斗志与拼劲，始终没有停下全线进攻的节奏，一众筋疲力尽的球员不断通过传递和对抗获取区域内的优势，进而把球持续地向皇马禁区里"砸"，穆勒在比赛最后阶段甚至快速插上险些完成绝杀……

全场比赛，拜仁全队比对手多跑了近4千米，老将里贝里的跑动距离甚至都超过了11千米，如此积极的强势表现以至于让皇马球员跑到抽筋下场，并在最后阶段因为耽误发球时间而吃到黄牌。不知，这样一场遗憾出局的比赛征服了多少拜仁球迷——纵然拼尽全力，死也要站着死。或许，我们赛前想到拜仁球员会拼，但是谁又能想到他们会这么拼呢？

回顾该赛季两回合角逐，相信多数拜仁球迷都会认同海因克斯教练的观点："我们是两回合表现更好的球队。"如果没有裁判对马塞洛的手球无视，没有屡屡在对方门前错失良机，没有自己的两次致命失误，拜仁或许将会最终踏上决赛的舞台。然而，足球场上从来没有什么"如果"，这些已经发生的也正是足球运动的一部分。

最终，海因克斯教练与再度带队拿下"二冠王"退休的美好结局失之交臂，但是拜仁在伯纳乌球场用殊死一搏做出了最强有力的证明，因为他们已经诠释了足球运动最美好的意义，演绎了足球比赛最动人的情景：今日终归存有遗憾，未来终归淡化遗憾！

那时的我，突然回想儿时最为熟悉的漫画《灌篮高手》，曾有不少读者质疑这部漫画的最后结局：为什么不是湘北篮球队最终在全国大赛中夺取冠军呢？后来，漫画作者井上雄彦对这个问题做出了如此充满人生哲理的诠释："因为青春的梦想往往是不完美的……"

也许，年少球迷和新晋球迷不一定能明白这句话，而那些陪伴球队经历起起伏伏、潮起潮落的拥趸或许可以更好地明白井上雄彦的诠释。青春的梦想往往并不完美，但是只要做出最大努力也就不存遗憾。我想，海因克斯留下的拜仁又何尝不是如此呢？也许，上帝也无法设计海因克斯教练两度以"三冠王"荣耀离队退休的剧情，才故意设计了此般存有欠缺的完美。

六冠主帅：他遵循着恩师的每一个脚步

就在拜仁带着遗憾却又傲然地离开伯纳乌球场后，我曾在致敬文章中写道："纵然青春的梦想在本季并不完美，但是就像今天早上慕尼黑那绵绵细雨，我们相信拜仁终究会迎来拨云见日的一天……"

果不其然，仅仅等了两年，拨云见日的时刻再度到来了！

2009年11月，战术迷失、球员不满的拜仁在联赛1：5惨败法兰克福后又一次跌入低谷，主教练科瓦奇自此黯然"下

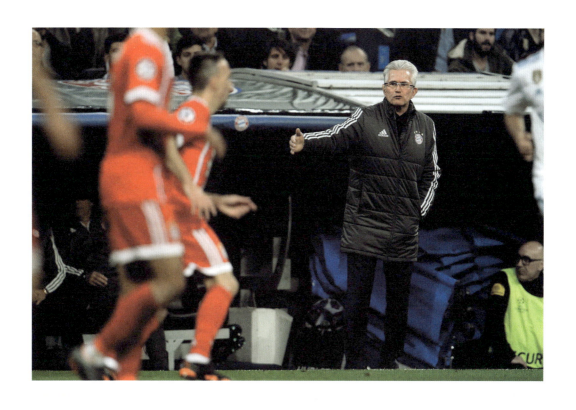

课"。那么此次遭遇危急时刻，接过拜仁帅位的是谁？正是一个月前在场边安抚球员而引发关注的助教弗里克——由于遭到主帅无视，在儿子生日当天无缘出场的马丁内斯在替补席黯然落泪，而弗里克上前安抚的照片立刻成了各路媒体的头条。

此时，外界开始审视这位刚刚进入拜仁教练组的助教：球员时代，弗里克曾在拜仁效力5年，当时的主教练正是拜仁功勋主帅海因克斯；退役后，执教低级别球队霍芬海姆的弗里克曾带队在德国杯爆冷淘汰勒沃库森。此后，成为德国队助教的弗里克建言献策，力助德国队赢得巴西世界杯冠军。于是，根正苗红、海帅弟子、冠军助教，由此成了弗里克的最佳标签。

"弗里克让我想起了海因克斯……"诚如回到队中辅佐弗里克的老帅格兰德所称赞，海因克斯教练虽然没有回归，但是他的理念、他的精神、他的智慧随着昔日弟子弗里克再度回到拜仁。就在接过拜仁教鞭后，弗里克迅速展现出拨乱反正的姿态和胆识，随即以4连胜开启拜仁执教之路，而打进16球且0失球的纪录甚至让他成为拜仁队史上最佳开局教练。

接下来，拜仁不敌勒沃库森的失败一度让弗里克开始遭遇质疑，能否彻底转正也成为外界质疑的焦点。就在此时，令人感动的一幕发生了——2019年12月，海因克斯教练突然主动向权威媒体《踢球者》

投递了一篇力荐弗里克的请愿信，他在信中不仅介绍了这位昔日弟子在自己心中的形象，更是毫无保留地推荐拜仁把球队未来交给这位临时主帅。

"弗里克对我而言就是拜仁帅位的最理想人选，不限于2019—2020赛季。作为教练，他就是一颗未经打磨的宝石，如此有天赋的人需要被认可和提拔。拜仁现在拥有绝佳的机会可以在很长一段时间拥有一名出色的教练。弗里克可以缔造一个时代。在2012—2013赛季，我们虽然1∶2输给了勒沃库森，但是我们还是拿到了三冠王。"

此后的历史证明，海因克斯教练的预测精准而伟大。如果说海因克斯教练曾给拜仁带上了王冠，那么弗里克则为拜仁的王冠镶上了明珠！

这个赛季，虽然拜仁在上半程不敌勒沃库森和门兴，但是弗里克带队在冬歇期前以4连胜收官，由此在海因克斯的力荐下顺理成章实现转正。再到经过冬歇期的磨合和洗礼，弗里克麾下的拜仁已然成为世界足坛最为火爆的球队。最终如同自己的恩师，弗里克完成了半途接手球队却带队赢得"三冠王"的奇迹之旅。

这并非全部！在进入第二个赛季后，弗里克麾下的拜仁依然在各条战线高歌猛进，连续拿下欧洲超级杯、德国超级杯和世俱杯冠军，成为历史上第二支"六冠王"球队！于是，弗里克这位此前两年还在老家经营"小卖部"的足坛弃儿，由此成为力挽狂澜、震撼足坛的传奇英雄。

再看弗里克为拜仁留下的这一段奇迹之旅，与海因克斯教练在2013年留下的完美赛季是多么惊人的相似！这位海因克斯弟子注定要沿着恩师的脚步继续前行。来到2020—2021赛季，如同海因克斯教练最后一次出山拯救拜仁的赛季，这支球队在赛季关键阶段又一次遭遇了严重的伤病潮。

这一次，拜仁在欧冠赛场遇到的是新对手巴黎圣日耳曼。如同那一年在伯纳乌，此次陷入绝境的拜仁依然和巴黎圣日耳曼大战两回合180分钟，甚至次回合在客场1∶0成功取胜，最终只因客场进球的劣势而抱憾出局。

如果再看看这两回合的正面比赛，对比巴黎圣日耳曼替补席上坐着维拉蒂、基恩、拉菲尼亚等满满12名替补，伤兵满营的拜仁在替补席算上二队小将也不过只有7名球员，能出场的只有18岁的穆夏拉和33岁的马丁内斯。

直至比赛最后时刻，如同三年前海因克斯教练在伯纳乌所完成的执教生涯最后一次欧冠换人，弗里克同样安排后腰老将马丁内斯替补出场并改踢中锋。只是此次奇迹依然没有发生，而这般出局的凄凉和痛心，可见弗里克始终是最懂海因克斯教练的那个，或许也是他在赛季结束后坚决遵循恩师脚步离开拜仁的最终原因……

结语：我，还是支持拜仁慕尼黑！

从"老仁与海"到六冠主帅，当我们读懂了其中的故事，也就更能理解拜仁的历史、拜仁的传承、拜仁的精髓、拜仁的精神，也就更能理解十余年前的一句解说词——我，还是支持拜仁慕尼黑！这成为无数拜仁球迷的毕生信仰。

FC BAYERN MÜNCHEN

我心永仁

文/李巴乔

我入梦乡。

梦里，我越过阿尔卑斯山脉，嗅到了啤酒的芳香，我看见了一座球场，那是我梦中的家乡。

透过圣洁的月光，它闪烁着红白蓝色，似宝盒一般，它的名字叫安联球场，是雄鹰展翅的地方！

如果说蓝白色代表着巴伐利亚追求胜利的精神，那鲜艳的红色便象征着拜仁血液里坚韧的意志。

淡然看世事，随风去无痕。这个名叫拜仁慕尼黑的俱乐部，有着百年的历史，一段段不朽的传奇。

1900年2月27日，在德国巴伐利亚州，一家毫不起眼的餐馆。一个名叫弗朗茨·约翰的男人，决定在这组建一支球队，未来会怎么样，即使他有无数憧憬，所发生的故事，他也不可能想到……

弗兰茨·约翰为拜仁筑建起了最初的堡垒。主帅拉特克和他的孩子们，为拜仁成就了闪耀世界的辉煌、历史永记的伟大王朝。

1974年至1976年的时光里,足坛的世界属于迈耶、施瓦岑贝格、布莱特纳、罗特、赫内斯兄弟,更属于贝肯鲍尔和盖德·穆勒。

122年的历史,是历史无从预示的奇迹,是站在顶峰的高瞻!

任何王朝总有老去的一天,破产的阴霾悄无声息地笼罩在王国之上。

存亡之际,临危授命,他叫乌利·赫内斯,拜仁慕尼黑历史上最伟大的男人。

风雨携手,同心同行,既然熬过了最艰难的日子,就誓要寻回最辉煌的荣耀。

1980年至2000年的时光里,我们目睹了从普法夫到奥曼,从奥根塔勒到海尔默创下的辉煌,见证了沃尔法特、布雷默、鲁伊特、科勒尔、劳德鲁普、沃特斯、帕潘、斯特伦茨、尤尔金霍、齐格、克林斯曼、内林格、维特切克、巴斯勒等球员的成长,有多少无奈,就有多少再来。

122年的历史,是一个个鲜活的名字,闪耀慕尼黑的星空!

莫再寻,莫再寻,逝去往事莫再寻。

从1982年、1987年的两度欧冠决赛失利到1999年的"黑色三分钟",一代又一代,群星云集的拜仁,遥望着欧冠决赛。

直至,拜仁被戏称作"绿茵好莱

坞"，有多少故事，有多少悲情，亦就有多少豪情壮志。

而欧冠，也是伟大的马特乌斯，一生唯一不曾染指的冠军。

25年，等待，蛰伏，在蛰伏中守候黎明，在等待中祈盼曙光。

122年的历史，是历经沧海沉浮，细数风浪，淡看波涛的从容！

伴随着整个德国足坛的老去，拜仁也遭遇了最困难的时光。

为了迎接德国足球年轻化的变革，拜仁也终于离开了奥林匹克球场，掀开了安联球场的崭新面貌。

正因为拜仁流淌在球迷血液中的那份坚毅，远离绚丽辉煌，我们仍然志存高远。

安联球场，正是我梦中仰视的故乡！

122年的历史，是德意志的骄傲，是五颗恒星闪耀间的桥梁！

只因为是拜仁，便有着不一样的魔力，一种永不放弃的魔力，只属于拜仁的魔力。

无论是"黑色三分钟"，还是"三亚王"，都打不垮拜仁，我们总会卷土重来。

2001年，埃芬博格、卡恩、绍尔、埃尔伯、利扎拉祖、林克、杰里梅斯等老男孩赢得了他们不能再错过的荣誉。

2013年，拉姆、施魏因施泰格、罗本、里贝里、曼朱基奇、哈维·马丁内斯、博阿滕等也一起意气风发，洗脱耻辱，登顶欧洲。

122年的历史，是红色血脉的延续，它源源流淌着百年光芒！

无论多少年后，我也不会改变我的梦想。

回首梦中，那里都是伴随我历经风雨的痕迹，是教我越挫越强的拜仁慕尼黑！

是拜仁，
让我清楚地体会到足坛的人情冷暖；

是拜仁，
使我明白了饱受苦难的誓死倔强；

是拜仁，
让我见证了无数逆转绝杀的奇迹；

是拜仁，
伴随我度过了人生最难忘的时光。

122年的历史，回首一茫茫，平生江海心，再征百万师！

1999年，我庆幸我坚持喜爱着那短暂失势的巴伐利亚雄狮，我骄傲我坚守了8年忘却四强的低潮。

"我还是支持拜仁慕尼黑"，今天我激扬文字，却无法用一言半语述说我的拜仁重新崛起的岁月。

即使有一天诺伊尔、穆勒、阿拉巴、基米希都离开绿茵场，我也会骄傲对我的孩子讲："你爸爸是看着拜仁长大的！"

FC BAYERN MÜNCHEN

慕尼黑朝圣之旅
——职业足球和球迷文化的思考

文/陈渤胄

20年前，当一位叫克洛泽的球员在日韩大地上频繁地空翻，我被他吸引了。

17年前，还有头发的"小飞侠"，一次次在斯坦福桥的边路飞驰，我被他吸引了。

2007年，"K神"降临慕尼黑！2009年，安联球场多了一位飞侠！嗯，作为球迷，自己最喜欢的两位球员都加盟了同一支球队，那这支球队自然就成了我的最爱！

12年前，大学毕业后我成为体育解说员，又让我有机会了解更多足球深层次的内容，我越发觉得喜欢拜仁慕尼黑是最正确的选择。拜仁的成功之道，拜仁的球迷文化，和我本身的三观，以及从业多年来所理解的足球，似乎也是无比贴合，MIA SAN MIA！

海登海姆队：小球队也有自己的生存法则

2019年3月，当领导让我准备一下签

证的材料，安排我去慕尼黑安联球场参与报道并现场解说2018—2019赛季德甲第28轮的德国国家德比时，我知道我圆梦了——既圆了作为职业解说，能去欧洲豪门主场解说的梦，又圆了作为一名拜仁球迷，可以去安联球场朝圣的梦。

当地时间4月3日，经过十几个小时的长途跋涉，我就这样第一次踏上了德国的土地。刚到慕尼黑没多久，我就被一件或许在德国球迷看来很正常，但对我一个中国球迷来说很新鲜的事儿震撼到，并引发了思考。

嗯，毕竟国外出差，预算有限，咱可住不起豪华酒店，最终就选择住在慕尼黑奥林匹克体育场边上的某连锁快捷酒店的分店。虽然这里离安联球场有十几千米路，开车半个多小时，坐地铁的话近一小时路程，但一来便宜，二来周围环境不错，我还能去奥林匹克体育场转转。

插一句嘴，就在我写下这段文字时，我查了一下我所在的上海市，那些大家最耳熟能详的连锁快捷酒店的价格，至少在这一刻，上海市中心的快捷酒店的价格，比我住的慕尼黑那家酒店还要贵。

时钟再拨回三年前，我到慕尼黑的当天，刚好是拜仁和海登海姆队的德国杯

比赛日，而当我拿着大包小包来到酒店门口的时候，居然看到了海登海姆俱乐部的大巴！原来我和他们住一家酒店！可这又不是啥好酒店，离球场也远得很，怎么海登海姆队也跑这儿来了？这在我们国内，哪怕中甲球队，征战客场时住的酒店肯定也比海登海姆队在慕尼黑住的这家酒店档次高。

用过午餐，刚好要去附近的奥林匹克体育场周围拍点外景，那里如今类似一个开放式公园。走着走着，看到身穿海登海姆球队官方T恤衫的人，三三两两在散步或慢跑——饭后百步走，活到九十九嘛！

边看他们慢跑的身影，边和同事聊着德国足球的现状，疑问也慢慢解开。德甲、德乙特有的"50+1"规则，将俱乐部的话语权更多地交还给俱乐部会员和球迷，投资人的话语权永远不会超过50%。这虽然一定程度上限制了俱乐部吸引更多的金主进行投入，但也避免了诸如投资人盲目花钱严重亏损，或只为了自己赚钱不管球迷利益等风险，也使俱乐部的投资更加严谨。

而海登海姆队的酒店选择，正是这份严谨的最好范例。需要盲目追求酒店的豪华吗？其实不用！只要干净舒服就行！而且，奥林匹克体育公园附近环境幽静，对职业球员来说正好可以做到心无旁骛地备战和休息，散散步，慢跑下，多健康呀。

至于路程，其实开车半个多小时和开车十几分钟，真的差距很大吗？

当不少球迷觉得"50+1"限制了资本投入而应该废除的时候，海登海姆队在酒店选择这件小事上，恰恰就体现出俱乐部在"50+1"规则下的职业性。你有钱当然可以住得更豪华，只是今天住了五星级酒店，明天赢球概率一定更大吗？有多少钱，办多少事，谨慎理性难道不是一家俱乐部所需要的吗？从海登海姆队选酒店的事情，我们恰恰能看到"50+1"规则反而促使俱乐部更为理性！

拜仁和"表姐"的区别：专业！

曾经看到有人说，正是因为"50+1"规则催生了拜仁的一家独大，让德甲没意思了。因为限制资本入驻，其他球队想要靠有钱的金主买买买来掀翻拜仁就更难了。我只能说，这是谬论！别忘记，最初代表慕尼黑参加德甲的是慕尼黑1860，可不是拜仁！如今慕尼黑1860又在哪儿呢？

"50+1"规则，恰恰让大家在一个更加公平的环境中自力更生。既然大家都没有金主，那你能有多少竞争力，全看你这几十年来的运营是否专业，能否最终形成良性循环！

什么是良性循环？你需要有更好的青训系统培养出更多的好球员被一线队所用，你需要在球员买卖时有更好的眼光，不光买来好球员，而且是最具性价比的好球员。你需要拥有一个好教练，用合适的战术将球员能量最大化来赢得比赛。当你通过竞技层面的专业性带来更好的比赛成绩，自然就能吸引更多的好球员为你效力，吸引更多的球迷来购买周边商品，也会有更多的赞助商赞助球队。

这，才是拜仁的成功之道！这，才是我们喜欢拜仁的理由！不靠金主，更不靠其他歪门邪道，纯靠自力更生、日积月累才获得了今天的荣耀！

在奥林匹克体育场附近拍完素材，我就回到酒店休息了。当天晚上，拜仁面对海登海姆队赢得很艰难，5：4涉险过关，聚勒还被红牌罚下。作为拜仁球迷，这比赛看得我很紧张。作为和海登海姆队住在同一个宾馆的暂时"邻居"，我想经济实力或许不允许他们有更大发展，但他们的谨慎和理性值得思考和学习。最终在竞技层面和豪门掰手腕，也证明了他们的谨慎和理性是有价值的。酒店的选择只是一方面，以小见大，能想象他们平常对待所有事物的态度，同样值得钦佩！

一觉睡醒，离比赛还有两天的时间。这两天的工作内容很常规，去塞贝纳大街的拜仁总部拍赛前新闻发布会，去市中心玛利亚广场拍外景，尤其拍了拜仁球员每年夺冠庆典时所站的那个阳台。第一次进入安联球场，在踩完场熟悉好环境后，我也顺势从球员通道到更衣室，从更衣室到内场，从内场到看台，从看台走出来到拜仁博物馆，好好参观了一番。

回顾这两天的工作，让我感触最深的是拍完赛前发布会后，我和同事去了离塞贝纳大街10分钟路程的绿森林体育场逛逛时看到的画面。那是拜仁的第一个主场，如今是慕尼黑1860在离开安联球场后所驻扎的球场。球场不大，仅能容纳一万多人。想拍点素材，真过去了才发现只有空空的一座体育场，而周围一点儿足球氛围都没有。没有任何比赛海报、信息，没有和慕尼黑1860有关的任何元素，更没有球迷商店等。走过那里，你只会以为那是一个已废弃的体育场。

慕尼黑1860沦落至此，其实也能引发很多思考。

2011年，慕尼黑1860濒临破产，球队到处寻找金主来救命。最终通过运作，约旦商人伊斯梅克决定注资慕尼黑1860。然而这位富豪犯了个错误，他在注资慕尼黑1860时没搞懂"50+1"规则，对于球迷文化了解也不够，想当然地认为自己作为球队的救命恩人兼大股东，一定可以在慕尼黑1860大展拳脚！

结果，伊斯梅克在注资慕尼黑1860后才发现自己虽然花钱救了球队的命，作为大股东却没有话语权，想做什么却天天被人投反对票导致啥也干不了。原本找他来

救命的俱乐部董事会成员和高层，本就是通过球队的会员投票选举才成功当选的，所以为了今后能继续当选，他们在决策上也站在会员那边而并非伊斯梅克这边。毕竟在"50+1"的规则下，大股东是没有权力直接任命高管的，会员可以对股东的任命提议投反对票。

这一切无疑让伊斯梅克难以接受，所以他开始抱怨，结果却遭到会员球迷的疯狂抵制和抨击，双方势成水火！那些会员球迷似乎忘了球队因为他的注资才未破产解散。伊斯梅克因此心灰意冷，内耗严重导致战斗力受损的慕尼黑1860在德乙苟延残喘几年后在2017年降级。与此同时伊斯梅克下了通牒：要么俱乐部满足自己的权力要求，要么就终止投资。最终，俱乐部"宁死不屈"，最终由于无法缴纳德丙联赛资格金而被强制降到业余联赛……

作为拜仁的同城兄弟，慕尼黑1860的沦落无疑也是一个和"50+1"规则有关的故事。慕尼黑1860的球迷、会员乃至董事会，在伊斯梅克救了球队一命之后却过河拆桥、卸磨杀驴的行为肯定不可取。伊斯梅克有委屈的地方，但伊斯梅克对于德国足球传统的尊重程度肯定也是不够的。

因此归根结底，这本就是一段孽缘，不适合就是不适合。要发问的，还是慕尼黑1860自身的运营，为何到了需要满世界找金主救命的地步？如果球队在自力更生过程中，本身做得足够专业，那后面的一地鸡毛也就不存在了。

对比拜仁和慕尼黑1860，区别恰恰就在这里，就在"专业"二字上！

国家德比：真正的足球文化

说完慕尼黑1860，我们把时钟拨回到比赛前一天的晚上。离比赛越近，大赛氛围就越浓烈。慕尼黑本身就是一座足球氛围比较浓烈的城市。市中心玛利亚广场上，到处都能看到穿着拜仁球衣的球迷。作为这次德国国家德比的另外一方，不少多特蒙德球迷也提前一天来到慕尼黑，同样也穿着球衣在玛利亚广场游玩。

我和同事在比赛前一天晚上也忙里偷闲再次来到玛利亚广场，吃吃喝喝放松一下。逛着逛着，突然看到一群多特蒙德球迷，穿着多特蒙德球衣，在露天酒吧喝酒。而那个酒吧的位置，就是每年拜仁夺冠庆典时球员展示奖杯的阳台下方，也是拜仁球迷每年欢呼雀跃膜拜偶像的位置。

这些多特蒙德球迷明显已经喝多了，唱着多特蒙德队歌跳着舞，整个广场只有他们的声音。这周围不时有拜仁球迷走过，却没有任何一人去打扰他们，更没有任何拜仁球迷上去滋事，就让多特蒙德球迷在一个对于拜仁来说很神圣的地方载歌载舞！

我很难想象，如果上海海港队的球迷在虹口足球场边穿着球衣喝多了又唱又跳，周围还有其他申花球迷走来走去，结果会是怎样？又或者，天津队球迷穿着天津队球衣在工体喝着酒大喊着又会是怎样的结果？

第二天，终于到了比赛日。比赛过程无须多言，拜仁5∶0大胜多特蒙德，我作为直播解说员在现场全程见证了这场比赛。自己喜欢的球队赢球了很开心很兴奋，只是我的工作需要我保持中立，所以不敢在话筒前显露自己的情绪。

除了现场解说和拜仁赢球带来的双重兴奋外，慕尼黑的拜仁球迷，继前一天晚上在玛利亚广场任由多特蒙德球迷载歌载舞不去打扰之后，又在我心里留下了很重要的痕迹。

从地铁站到球场，有条长达1千米的路。比赛日当天，很多球迷自发来摆摊，有卖拜仁周边产品，也有卖多特蒙德周边产品。还有多特蒙德球迷直接到球场门口，穿着球衣，举着牌子说自己需要黄牛票的。

这1千米的路上，人来人往，但拜仁球迷和多特蒙德球迷相处得异常和平。大家各管各，卖多特蒙德周边产品的地摊就这样在那里摆着，不管有没有生意，反正没有拜仁球迷过去打扰。所谓"德国德比"的火药味，在球迷中一点儿都未体现。

比赛结束后更是如此。5∶0的结果，

拜仁球迷无疑是兴奋的，多特蒙德球迷无疑是失落的。不过在离开球场去地铁站的路上，多特蒙德球迷的失落显而易见，身边经过的拜仁球迷，没有任何一人去挑衅他们，连所谓的"我们是胜利者，你们是失败者"的蔑视眼神都没有展现，更别说当着多特蒙德球迷的面庆祝了。

来到地铁站台，刚好有几个多特蒙德球迷站在一堆拜仁球迷中间。同样，拜仁球迷没有任何一人做出任何一个挑衅的眼神和动作，也没有当着多特蒙德球迷的面庆祝胜利。大家都安静小声地自顾自聊着天，仅此而已。

球场内，当拜仁不断进球的时候，我听到了拜仁球迷山呼海啸般呐喊；球场外，我看到了拜仁球迷对对手球迷最大的尊重！这，才是我心目中真正的球迷文化。那一刻我很自豪，我也是拜仁球迷！不得不说，这群球迷真的会让你更爱这支球队。

不得不联想到国内不少德比。比赛日，球迷互骂及斗殴屡见不鲜。很多球迷说，这才是德比文化，德比就应这样对立！而当我真正走出国门，现场报道德国国家德比之后，我可以负责任地说：谁再说德比只能对立，我就回他"扯淡"二字！这和德比文化无关，只和个人素质有关。哪里都有极端球迷，哪里也都有懂得尊重的球迷。

还记得遥远的甲A时代，当时广州有广东宏远队、广州松日队、广州太阳神队3支球队。也没见广东球迷为了谁是广东足球老大而大打出手，而是三支球队都支持。职业联赛初期，当时是周六踢甲B，周日踢甲A。我所在的上海，有很多人都是周六为踢甲B的上海豫园队或上海浦东队（两队后来合并，也就是如今已解散的北京人和队前身）加油，周日为申花队呐喊。

不知从什么时候起，德比在国内变得剑拔弩张了。或许是因为互联网的发展，让大家有机会看到国外一些德比大战中剑拔弩张的一面，就认为那才是先进的，其实我们没有学到德比的精华，却学到了糟粕。

不可否认，国外也有剑拔弩张、球迷大打出手的德比，但那一方面是球迷素质的问题，另一方面，这份剑拔弩张的背后是几十年甚至上百年来的经济、政治等矛盾在足球场的体现。比如北伦敦德比、西班牙国家德比等。

我们国内最初的球队，全是体工大队转型而来的，我们哪有国外那些延续近百年的矛盾呢？那些国外真正剑拔弩张的德比，都不是为了争足球层面的老大；而没有那些历史矛盾的，就是纯粹为了争足球层面老大的德比，诸如德国国家德比。球迷究竟是怎样的，究竟有多么和谐，这次去慕尼黑的我真真切切学到了！

　　这，才是正确的球迷文化！

　　一次慕尼黑之行，逛了奥林匹克体育公园，造访了塞贝纳大街，看了绿森林体育场，在玛利亚广场留下足迹，在安联球场完成解说。圆梦了，很充实，很兴奋！在这份兴奋感之外，更多的是对于什么是属于德国的职业足球，什么是好的球迷文化，有了更多思考。而拜仁，的确是这其中的榜样！

　　嗯！我更爱拜仁了！MIA SAN MIA！

图书在版编目（CIP）数据

最成功的球队之拜仁慕尼黑篇 / 晴空 , 李巴乔 , 陈渤胄著 . -- 北京 : 北京时代华文书局 , 2023.12
ISBN 978-7-5699-5107-3

Ⅰ . ①最… Ⅱ . ①晴… ②李… ③陈… Ⅲ . ①足球运动－俱乐部－概况－德国 Ⅳ . ① G843.651.6

中国国家版本馆 CIP 数据核字 (2023) 第 240981 号

ZUI CHENGGONG DE QIUDUI ZHI BAIREN MUNIHEI PIAN

出 版 人：陈　涛
选题策划：董振伟　直笔体育
责任编辑：马彰羚　张彦翔
装帧设计：王　静　王艾迪
责任印制：訾　敬

出版发行：北京时代华文书局 http://www.bjsdsj.com.cn
　　　　　北京市东城区安定门外大街 138 号皇城国际大厦 A 座 8 层
　　　　　邮编： 100011　电话： 010-64263661　64261528
印　　刷：北京盛通印刷股份有限公司
开　　本：787 mm×1092 mm　1/16　　　成品尺寸：185 mm×260 mm
印　　张：15　　　　　　　　　　　　　字　　数：306 千字
版　　次：2023 年 12 月第 1 版　　　　印　　次：2023 年 12 月第 1 次印刷
定　　价：90.00 元

本书图片由视觉中国提供。

版权所有，侵权必究
本书如有印刷、装订等质量问题，本社负责调换，电话：010-64267955。